A contratação de software na
Lei 13.303/2016

sob a ótica do Princípio da Padronização

1ª edição, setembro de 2019

Rafael Lima Joia

Prefácio

Este livro visa apresentar os conceitos gerais da Lei 13.303/16 (Lei das Estatais) no que se refere à licitações e contratos e colaborar na análise crítica dos processos de contratação que fazem uso do princípio da padronização para subsidiar a aquisição ou renovação de licenças de *software*.

Para tanto, inicialmente serão apresentados os conceitos gerais da Lei 13.303/16, como a sequência básica de fases de uma licitação, os critérios de julgamento que irão definir a lista de classificação dos licitantes e também os procedimentos auxiliares que visam tornar o processo de licitação mais célere.

Após isso, discutiremos os principais princípios que devem embasar as licitações e contratos da administração pública, aprofundando com mais detalhes no princípio da padronização. O olhar aprofundado na padronização deve-se ao fato de que este princípio, se bem aplicado, pode servir de instrumento para promover vantagens econômicas e competitivas a médio e longo prazo para a administração pública. Por outro lado, se mal aplicado, pode acabar por restringir o número de potenciais fornecedores ou até mesmo dispensar, equivocadamente, o processo de licitação.

A partir daí, será realizada uma análise crítica sobre o processo de contratação de *software*, apontando as particularidades que tornam esta atividade mais complexa que para outros tipos de bens, assim como uma lista de pontos de atenção que devem ser observados.

Por fim, serão apresentadas uma série de recomendações que a empresa pública ou sociedade de economia mista podem adotar no sentido de tornar o processo de contratação de *software* mais robusto, tendo como base a minha experiência profissional.

Introdução

Diante da problemática de escândalos de corrupção envolvendo empresas públicas e sociedades de economia mista, a Lei 13.303/16 teve por objetivo estabilizar o mercado, proporcionando a retomada da confiança nas relações, zelando assim pela transparência das instituições públicas.

Quando sancionada, a lei produziu diversos efeitos neste sentido. Como exemplo, revogou os arts. 67[1] e 68[2] da Lei 9.478/97 (Lei do Petróleo), que eram fundamento de validade para a utilização do Decreto 2.745/98 (Regulamento do procedimento licitatório simplificado da Petróleo Brasileiro S.A.), que permitia à PETROBRAS a utilização de um procedimento licitatório simplificado.

A Lei 13.303/16 inovou também quando no art. 7o[3] subordinou a aplicação das regras da lei das estatais a todas as empresas públicas, as sociedades de economia mista de capital fechado e as suas subsidiárias às disposições da Lei 6.404/76 (Lei

---

[1] art. 67, Lei 9.478/97. Os contratos celebrados pela PETROBRAS, para aquisição de bens e serviços, serão precedidos de procedimento licitatório simplificado, a ser definido em decreto do Presidente da República. (Vide Decreto 2.745/98) (Revogado pela lei 13.303/16).

[2] art. 68, Lei 9.478/97. Com o objetivo de compor suas propostas para participar das licitações que precedem as concessões de que trata esta Lei, a PETROBRAS poderá assinar pré-contratos, mediante a expedição de cartas-convites, assegurando preços e compromissos de fornecimento de bens e serviços.
Parágrafo único. Os pré-contratos conterão cláusula resolutiva de pleno direito, a ser exercida, sem penalidade ou indenização, no caso de outro licitante ser declarado vencedor, e serão submetidos, a posteriori, à apreciação dos órgãos de controle externo e fiscalização. (Revogado pela Lei 13.303/16).

[3] art. 7o, Lei 13.303/16. Aplicam-se a todas as empresas públicas, as sociedades de economia mista de capital fechado e as suas subsidiárias as disposições da Lei no 6.404, de 15 de dezembro de 1976, e as normas da Comissão de Valores Mobiliários sobre escrituração e elaboração de demonstrações financeiras, inclusive a obrigatoriedade de auditoria independente por auditor registrado nesse órgão.

das sociedades por ações) e as normas de Comissão de Valores Mobiliários (CVM) sobre a escrituração e elaboração de demonstrações financeiras, inclusive a obrigatoriedade de auditoria independente por auditor registrado nesse órgão.

Em comparação com a Lei 8.666/93 (Lei das Licitações e contratos), a Lei 13.303/16 contém peculiaridades que serão objeto deste trabalho. Dentre as peculiaridades, serão explorados os aspectos em torno da padronização de bens e serviços e a contratação direta no que se refere a *software*.

Num mundo cotidiano cada vez mais digital, torna-se prioritário estudar contratações que envolvem bens e serviços de TIC (Tecnologia da Informação e Comunicação). Mesmo em indústrias tradicionais, como a de óleo e gás, a contratação de *software* encontra forte apelo. Por exemplo, na PETROBRAS, o número de contratos firmados envolvendo aquisição de licenças ou subscrições de *software* supera, em quantidade, o número de contratos firmados para atender as demais necessidades da empresa. Corrobora a afirmação anterior o fato de que o uso de *software* ocorre em quase todas as atividades, sejam as realizadas por áreas-fim ou por áreas-meio.

Como consequência, a existência de áreas organizacionais que consigam conjugar as necessidades técnicas em consonância com os aspectos regulatórios de licitação e contratos ganham relevância fundamental: não basta buscar as melhores soluções e ter o melhor quadro técnico, é preciso que estas qualidades estejam aderentes aos regulamentos de contratação impostos pela legislação e órgãos de controle. Como exemplo, cita-se a cada vez mais relevante área normalmente referenciada como "Arquitetura Corporativa de TIC", que projeta uma visão sobre a utilização de *software* nos macroprocessos existentes, eliminando, sempre que possível, o desperdício de utilização de soluções duplicadas, aglutinando o uso de soluções, verificando os riscos de *vendor lock-in*[4] e, ao mesmo tempo, promovendo a inovação e a transformação digital.

O trabalho foi desenvolvido trazendo, inicialmente, os conceitos gerais da Lei 13.303/16, onde apresentamos a sequência básica de fases de uma licitação, os critérios de julgamento que irão definir a lista de classificação dos licitantes e também os procedimentos auxiliares que visam tornar o processo de licitação mais célere.

Após isso, são apresentados os principais princípios que devem embasar as licitações e contratos da administração pública, aprofundando com mais detalhes no princípio da padronização. O olhar aprofundado na padronização deve-se ao fato de que este princípio, se bem aplicado, pode servir de instrumento para promover vantagens econômicas e competitivas a médio e longo prazo para a administração pública. Por outro lado, se mal aplicado, pode acabar por restringir o número de potenciais fornecedores ou até mesmo dispensar, equivocamente, o processo de licitação.

A partir daí, foi realizada uma análise crítica sobre o processo de contratação de *software*, apontando as particularidades que tornam esta atividade mais complexa que

---

[4] *vendor lock-in*, também conhecido como aprisionamento tecnológico. Decorre de particularidades em produtos ou serviços que tornam seus usuários dependentes dos fornecedores, impedindo-os de trocar de fornecedor sem custos adicionais substanciais. Definição disponível em <https://pt.wikipedia.org/wiki/Aprisionamento_tecnol%C3%B3gico>. Acesso em 10 nov. 2018.

para outros tipos de bens, assim como uma lista de pontos de atenção que devem ser observados.

Por fim, são apresentadas diversas recomendações que a empresa pública ou sociedade de economia mista pode adotar no sentido de tornar o processo de contratação de *software* mais robusto, tendo como base a experiência do autor em sua atividade profissional.

I - Conceitos gerais da Lei 13.303/16

Antes de aprofundarmos nos conceitos gerais da lei, é essencial fazer uma breve análise sobre o cenário em que ela entrou em vigor. Com a operação Lava-jato da Polícia Federal, identificou-se uma série de condutas criminosas ocorridas durante os Governos de Luiz Inácio Lula da Silva e Dilma Rousseff e que culminaram no desvio de quantias vultosas nas contratações da PETROBRAS.

O fato de a PETROBRAS ter tido um regulamento próprio de licitações, que entrou em vigor durante o Governo Fernando Henrique Cardoso, sempre foi objeto de questionamento. Para alguns, isto é que teria permitido a ocorrência desses crimes e fraudes, como pôde ser observado pela opinião do então Presidente da Câmara dos Deputados, em 2015, Eduardo Cunha:

> *"Toda a porteira da Petrobras foi aberta porque houve um regulamento de licitações publicado ainda no Governo Fernando Henrique Cardoso mudando toda a regra de contratação da Petrobras, que deixou de obedecer à Lei de Licitações e passou a obedecer a um regulamento próprio, que permitia a licitação por carta-convite por empresas cadastradas previamente na própria Petrobras".*[5]

---

[5] Em: <https://politica.estadao.com.br/noticias/geral,cunha-atribui-corrupcao-na-petrobras-a-decreto-da-era-fhc,1652314>. Acesso em 10 nov. 2018.

Por outro lado, não foi difícil perceber que os incidentes ocorridos na PETROBRAS poderiam ter acontecido com qualquer órgão sujeito à Lei 8.666/93. De fato, o esquema de corrupção atingiu diversos outros contratos, de esfera federal e estadual, relacionados a obras públicas com as grandes empreiteiras.[6]

As delações realizadas levaram à conclusão de que os atos de corrupção tinham pouca relação com as facilidades do Decreto 2.745/98, mas sim com a ausência de uma matriz de responsabilidade e controles internos. O que aconteceu, de fato, foi a reiterada prática de conluio, envolvendo empreiteiras, operadores de licitações e políticos, que se colocavam acima da lei, contra a PETROBRAS. É fundamental compreender que as leis não são remédios para todos os problemas, e o que garante moralidade à gestão e ética nos negócios não são leis e procedimentos burocráticos, mas sim uma mudança na conscientização, que é o que se propõe com as práticas de controle de integridade e *compliance*[7], temas de destaque na atualidade.

Uma vez exposto o cenário em que a lei entrou em vigor, voltemos ao objetivo principal deste tópico. Entre as principais alterações trazidas pela Lei 13.303/16 estão a inclusão das novidades da Lei 12.462/11 (Regime Diferenciado de Contratação - RDC). Desse modo, aplicam-se às estatais (empresas públicas e sociedades de economia mista):

---

[6] Em: <https://oglobo.globo.com/economia/nova-fase-da-lava-jato-amplia-investigacao-de-fraudes-em-contratos-de-braco-petroquimico-da-petrobras-22805814>. Acesso em 10 nov. 2018.
[7] Nos âmbitos institucional e corporativo, *compliance* é o conjunto de disciplinas para fazer cumprir as normas legais e regulamentares, as políticas e as diretrizes estabelecidas para o negócio e para as atividades da instituição ou empresa, bem como evitar, detectar e tratar qualquer desvio ou inconformidade que possa ocorrer. Definição disponível em <https://pt.wikipedia.org/wiki/Compliance>. Acesso em 10 nov. 2018.

- os modos de disputa aberto, fechado e misto (art. 52)8;

- a inversão de fases como regra, admitindo-se casos excepcionais (art. 51, §1º)9;

- os critérios de julgamento "maior retorno econômico", "melhor conteúdo artístico", "maior desconto" e "melhor destinação de bens alienados" (art. 54)10;

- a "contratação integrada" (art. 42, VI)11;

- a pré-qualificação permanente de fornecedores e produtos (art. 64)12.

---

8 art. 52, Lei 13.303/16. Poderão ser adotados os modos de disputa aberto ou fechado, ou, quando o objeto da licitação puder ser parcelado, a combinação de ambos, observado o disposto no inciso III do art. 32 desta Lei.

9 art. 51, Lei 13.303/16. As licitações de que trata esta Lei observarão a seguinte sequência de fases: I - preparação; II - divulgação; III - apresentação de lances ou propostas, conforme o modo de disputa adotado; IV - julgamento; V - verificação de efetividade dos lances ou propostas; VI - negociação; VII - habilitação; VIII - interposição de recursos; IX - adjudicação do objeto; X - homologação do resultado ou revogação do procedimento. § 1º A fase de que trata o inciso VII do caput poderá, excepcionalmente, anteceder as referidas nos incisos III a VI do caput, desde que expressamente previsto no instrumento convocatório.

10 art. 54, Lei 13.303/16. Poderão ser utilizados os seguintes critérios de julgamento: I - menor preço; II - maior desconto; III - melhor combinação de técnica e preço; IV - melhor técnica; V - melhor conteúdo artístico; VI - maior oferta de preço; VII - maior retorno econômico; VIII - melhor destinação de bens alienados.

11 art. 42, Lei 13.303/16. Na licitação e na contratação de obras e serviços por empresas públicas e sociedades de economia mista, serão observadas as seguintes definições: [...]VI - contratação integrada: contratação que envolve a elaboração e o desenvolvimento dos projetos básico e executivo, a execução de obras e serviços de engenharia, a montagem, a realização de testes, a pré-operação e as demais operações necessárias e suficientes para a entrega final do objeto, de acordo com o estabelecido nos §1º, 2º e 3º deste artigo.

12 art. 64, Lei 13.303/16. Considera-se pré-qualificação permanente o procedimento anterior à licitação destinado a identificar: I - fornecedores que reúnam condições de habilitação exigidas para o fornecimento de bem ou a execução de serviço ou obra nos prazos, locais e condições previamente estabelecidos; II - bens que atendam às exigências técnicas e de qualidade da administração pública.

No modo de disputa aberto, após a apresentação e abertura das propostas, que são de conhecimento de todos os participantes, os valores são classificados do mais ao menos vantajoso, e os participantes podem dar lance, melhorando as suas ofertas até se chegar a uma oferta "vencedora", ou seja, a mais vantajosa. No sistema fechado não são permitidos lances. As ofertas são "fechadas". Na abertura das propostas é verificada qual a mais vantajosa e esta é a vencedora. No modo de disputa misto, após a abertura das propostas "fechadas", as três mais vantajosas passam para uma segunda etapa, quando então poderão ser feitos os lances somente pelos participantes mais bem classificados[13].

Com relação à inversão de fases, enquanto que na Lei 8.666/93 é estabelecida uma etapa inicial de habilitação e o acolhimento de propostas somente das empresas habilitadas, na Lei 13.303/16 essas etapas se invertem: a abertura e julgamento das propostas são feitos inicialmente, e somente a documentação do licitante que apresentou a melhor proposta é avaliada, com vistas à habilitação ou não. A inversão das fases não desobriga todos os licitantes a entregarem seus envelopes de habilitação, mas somente é aberto o envelope daquele que apresentou a melhor proposta. Após avaliada a documentação e tendo o licitante com a melhor proposta preenchido todos os requisitos de habilitação, é declarado vencedor. No entanto, caso haja falhas ou insuficiências na sua documentação, este é desclassificado, e parte-se para a análise da habilitação do

---

[13] Combinação de diferentes formas de disputa entre os participantes. Licitação para Leigos - O RDC: Conceitos Básicos. Disponível em: <http://e3licitacoes.com.br/artigos-assessoria-em-licitacoes/licitacao-para-leigos-rdc-conceitos-basicos/>. Acesso em 10 nov. 2018.

segundo colocado e assim, sucessivamente, até se chegar ao licitante que tenha uma proposta entre as melhores e preencha todos os requisitos de habilitação. Quando comparado com a Lei 8.666/93, a inversão de fases é regra, mas a Lei 13.303/16 também admite, em casos excepcionais, a habilitação anterior à apresentação da proposta, caso tal procedimento esteja explicitado no edital e se a administração pública conseguir efetivamente demonstrar a inadequação da inversão de fases ao objeto licitado.[14]

Os critérios de julgamento serão mais explorados adiante, quando falarmos sobre a fase de julgamento. Com relação à contratação integrada, esta inovação procura fazer com que a execução de obra contratada ocorra de forma ágil e sem percalços e compartilha os riscos e as falhas de projetos nos empreendimentos de obras e serviços de engenharia. A contratação integrada permite a contratação de uma única empresa para execução do projeto básico, do projeto executivo e da obra em si, sendo que a obra deve ser entregue de acordo com o especificado e em plenas condições de funcionamento. A contratação integrada desonera a administração – pois o processo é único, economizando, tempo, dinheiro e recursos humanos na sua condução, provê a agilidade na execução das obras, pois elimina etapas de licitar, contratar e aprovar projeto para depois fazer o mesmo com a execução, e divide a responsabilidade entre poder público e iniciativa privada, visto, sobretudo, que a contratada não pode imputar responsabilidades

---

[14] Inversão das fases. Licitação para Leigos - O RDC: Conceitos Básicos. Disponível em: <http://e3licitacoes.com.br/artigos-assessoria-em-licitacoes/licitacao-para-leigos-rdc-conceitos-basicos/>. Acesso em 10 nov. 2018.

por falhas de projetos a terceiros. Os riscos e responsabilidades assumidos são, evidentemente, contabilizados e remunerados pelo poder público, o que torna estes contratos atrativos para os licitantes.[15]

A Lei 13.303/16 também permite a administração pública a instituição de uma pré-qualificação permanente e a realização de processos de contratação restritos a estes fornecedores (se a pré-qualificação for subjetiva) e/ou produtos (se a pré-qualificação for objetiva). Na prática funciona da seguinte forma (se for subjetiva): o órgão abre um procedimento de pré-qualificação, especifica os critérios de qualificação, os fornecedores interessados apresentam a documentação e/ou provas de que se enquadram nestes critérios, são avaliados e, se aprovados, ficam pré-qualificados para todos os processos de licitação pelo período de um ano, que pode ser renovado a depender da complexidade do cenário. A vantagem da pré-qualificação permanente é o ganho de agilidade e rapidez na conclusão da contratação, porque a decisão sobre os requisitos da qualificação não atravanca o procedimento licitatório. O poder público ganha tempo para avaliar melhor qualquer eventual impugnação, sem a pressão de concluir o julgamento que atrasa o procedimento da licitação. A pré-qualificação também evita decisões contraditórias, porque se aplica de modo uniforme a vários processos de contratação. Por outro lado, impede, igualmente, a perda de atualidade dos documentos, bem como a necessidade de ter de juntá-los novamente quando da assinatura

---

[15] Contratação integrada. Licitação para Leigos - O RDC: Conceitos Básicos. Disponível em: <http://e3licitacoes.com.br/artigos-assessoria-em-licitacoes/licitacao-para-leigos-rdc-conceitos-basicos/>. Acesso em 10 nov. 2018.

do contrato, o que elimina significativamente os custos dos licitantes, facilitando o acesso da empresa à participação em diversas licitações, pois torna dispensável a necessidade de preparar uma habilitação diferente para cada processo.[16]

A pré-qualificação objetiva (de produtos) pode ser muito útil na contratação de *software*, como poderá ser visto mais adiante quando falarmos sobre os procedimentos auxiliares da Lei 13.303/16.

Não é objetivo deste livro detalhar todos os aspectos do RDC e da Lei 13.303/16, mas sim o essencial para entender como aplicá-los na contratação de *software*.

---

[16] Pré-qualificação permanente. Licitação para Leigos - O RDC: Conceitos Básicos. Disponível em: <http://e3licitacoes.com.br/artigos-assessoria-em-licitacoes/licitacao-para-leigos-rdc-conceitos-basicos/>. Acesso em 10 nov. 2018.

A sequência de fases do procedimento licitatório

Conforme o art. 51 da Lei 13.303/16, as licitações de que trata esta lei deverão obedecer a uma sequência de fases:

> "art. 51. As licitações de que trata esta Lei observarão a seguinte sequência de fases: I - preparação; II - divulgação; III - apresentação de lances ou propostas, conforme o modo de disputa adotado; IV - julgamento; V - verificação de efetividade dos lances ou propostas; VI - negociação; VII - habilitação; VIII - interposição de recursos; IX - adjudicação do objeto; X - homologação do resultado ou revogação do procedimento.
>
> § 1º A fase de que trata o inciso VII do caput poderá, excepcionalmente, anteceder as referidas nos incisos III a VI do caput, desde que expressamente previsto no instrumento convocatório.
>
> § 2º Os atos e procedimentos decorrentes das fases enumeradas no caput praticados por empresas públicas, por sociedades de economia mista e por licitantes serão efetivados preferencialmente por meio eletrônico, nos termos definidos pelo instrumento convocatório, devendo os avisos

contendo os resumos dos editais das licitações e contratos abrangidos por esta Lei ser previamente publicados no Diário Oficial da União, do Estado ou do Município e na internet. "

A figura a seguir, disponibilizada pelo Canal Fornecedor da PETROBRAS[17], representa de maneira simplificada o conteúdo do referido artigo:

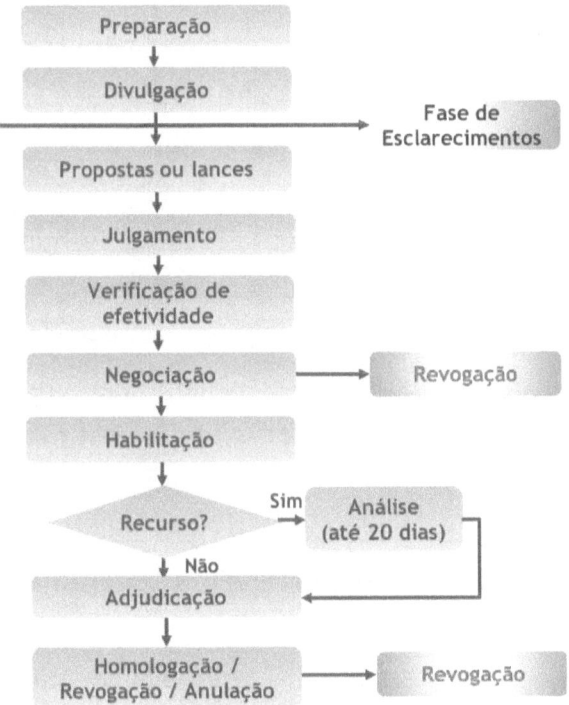

Figura 1 – Sequência de Fases do processo de licitação da lei 13.303/16

---

[17] Disponível em: <https://canalfornecedor.petrobras.com.br/pt/>. Acesso em 10 nov. 2018.

Preparação

Na fase de preparação elaboram-se todos os documentos que comporão a licitação: edital, minuta contratual, especificação dos serviços, planilha de preços unitários, orçamento referencial, critérios de aceitação, casos de teste (quando aplicável), etc.

O início da fase de preparação também pressupõe que a contratação de que trata a licitação em questão já está aprovada administrativamente, com verba destinada para tal. Também se pressupõe que a estratégia de contratação já foi amplamente discutida. Esta estratégia deve contemplar[18]:

- definição do modo de disputa: aberto, fechado, misto;
- definição do critério de julgamento: menor preço; maior desconto; melhor combinação de técnica e preço; melhor técnica; melhor conteúdo artístico; maior oferta de preço; maior retorno econômico; melhor destinação de bens alienados;
- definição sobre a utilização do procedimento auxiliar de pré-qualificação para restringir a licitação aos licitantes pré-qualificados;
- definição se a licitação será internacional (caso potenciais fornecedores não possuam representantes comerciais em território nacional).

---

[18] Disponível em: <https://canalfornecedor.petrobras.com.br/pt/o-funcionamento-de-uma-licitacao/etapas-da-licitacao/>. Acesso em 10 nov. 2018.

Divulgação

Na fase de divulgação realiza-se a publicidade da licitação propriamente dita[19], sendo obrigatória a sua publicação em diário oficial e em portal específico mantido pela empresa pública ou sociedade de economia mista. O prazo mínimo de divulgação pode variar de acordo com o critério de julgamento estabelecido, o modo de disputa, ou se haverá a utilização de pregão, conforme art. 39 da Lei 13.303/16:

> *"art. 39. Os procedimentos licitatórios, a pré-qualificação e os contratos disciplinados por esta Lei serão divulgados em portal específico mantido pela empresa pública ou sociedade de economia mista na internet, devendo ser adotados os seguintes prazos mínimos para apresentação de propostas ou lances, contados a partir da divulgação do instrumento convocatório:*
>
> *I - para aquisição de bens:*
> *a) 5 (cinco) dias úteis, quando adotado como critério de julgamento o menor preço ou o maior desconto;*
> *b) 10 (dez) dias úteis, nas demais hipóteses;*

---

[19] Disponível em: <https://canalfornecedor.petrobras.com.br/pt/o-funcionamento-de-uma-licitacao/etapas-da-licitacao/>. Acesso em 10 nov. 2018.

II - para contratação de obras e serviços:

a) 15 (quinze) dias úteis, quando adotado como critério de julgamento o menor preço ou o maior desconto;

b) 30 (trinta) dias úteis, nas demais hipóteses;

III - no mínimo 45 (quarenta e cinco) dias úteis para licitação em que se adote como critério de julgamento a melhor técnica ou a melhor combinação de técnica e preço, bem como para licitação em que haja contratação semi-integrada ou integrada.

Parágrafo único. As modificações promovidas no instrumento convocatório serão objeto de divulgação nos mesmos termos e prazos dos atos e procedimentos originais, exceto quando a alteração não afetar a preparação das propostas. "

Deste artigo, conclui-se que quando se adotam os critérios de julgamento de melhor técnica ou melhor técnica e preço, aumenta-se consideravelmente o prazo mínimo necessário para a divulgação.

Propostas ou lances

É nesta fase em que serão apresentadas as propostas ou os lances dos interessados. As propostas ou lances são recebidos em dia e hora previstos no edital e na oportunidade. Quando se tratar de licitação pelo modo de disputa aberto ou pelo rito do pregão, os preços inicialmente apresentados serão ordenados conforme critério de julgamento definido no edital, podendo os licitantes apresentar novos preços na etapa de lances.[20] Importante ressaltar que no modo de disputa fechado, as propostas apresentadas pelos licitantes serão sigilosas até a data e a hora designadas para que sejam divulgadas.[21]

Julgamento

Na fase de julgamento, aplica-se o critério de julgamento definido na etapa de preparação e divulgado em edital sobre as propostas informadas. A partir da aplicação do critério de julgamento é que se saberá a ordem de classificação dos licitantes.[22]

São oito os critérios de julgamento definidos no art. 54[23] da Lei 13.303/16: menor preço, maior desconto, melhor combinação de técnica e preço, melhor técnica, melhor conteúdo artístico, maior oferta de preço, maior retorno econômico e melhor destinação dos bens alienados. Destes, não vislumbro a

---

[20] Disponível em: <https://canalfornecedor.petrobras.com.br/pt/o-funcionamento-de-uma-licitacao/etapas-da-licitacao/>. Acesso em 10 nov. 2018.
[21] art. 52, § 2 º, Lei 13.303/16. No modo de disputa fechado, as propostas apresentadas pelos licitantes serão sigilosas até a data e a hora designadas para que sejam divulgadas.
[22] Disponível em: <https://canalfornecedor.petrobras.com.br/pt/o-funcionamento-de-uma-licitacao/etapas-da-licitacao/>. Acesso em 10 nov. 2018.
[23] art. 54, Lei 13.303/16. Poderão ser utilizados os seguintes critérios de julgamento:
I - menor preço; II - maior desconto; III - melhor combinação de técnica e preço; IV - melhor técnica; V - melhor conteúdo artístico; VI - maior oferta de preço; VII - maior retorno econômico; VIII - melhor destinação de bens alienados. ...

utilização dos critérios de melhor conteúdo artístico e melhor destinação dos bens alienados na contratação de *software*.

Menor preço

No critério do menor preço, atendidos os parâmetros mínimos de qualidade estabelecidos no edital, será reputada vencedora a proposta que ofertar o menor valor (desde que não seja inexequível). Poderão ser considerados para a definição do menor preço todos os custos indiretos, relacionados com as despesas de manutenção, utilização, reposição, depreciação e impacto ambiental, entre outros fatores, conforme dispuser o edital.[24]

Maior desconto

O critério do maior desconto tem utilidade nos casos em que a administração detiver informações consistentes acerca do custo da contratação, a ponto de fixá-lo com relativa precisão no edital. Nesse caso, será considerada vencedora a proposta que apresentar o maior desconto com relação ao preço global fixado no edital. O desconto oferecido pelo vencedor deverá prevalecer durante toda a contratação, inclusive para eventuais aditamentos.

O critério de maior desconto aplica-se especialmente bem às obras ou serviços de engenharia. Para essas hipóteses, o

---

[24]   Disponível   em: <https://canalfornecedor.petrobras.com.br/pt/o-funcionamento-de-uma-licitacao/conteudo-do-edital/>. Acesso em 10 nov. 2018.

percentual de desconto apresentado pelos licitantes deverá incidir linearmente sobre os preços de todos os itens do orçamento estimado constante do edital. Ou seja, o desconto aplica-se em bloco, evitando com isso a possibilidade do chamado "jogo de preços" ou "jogo de planilhas".

Uma outra vantagem sobre o critério do maior desconto, quando comparado com o critério do menor preço, é da segurança de que as propostas deverão minimamente serem menores que o preço global fixado, ou seja, deverão estar dentro do orçamento referencial levantado. No menor preço, há o risco de se ter todas as propostas acima do orçamento referencial, que no caso do menor preço, não é divulgado. Se todas as propostas pelo menor preço estiverem acima do orçamento referencial, mesmo após negociações, o processo deverá ser revogado[25].

Melhor combinação de técnica e preço

A Lei 13.303/16 contém algumas inovações relevantes com relação ao regime geral previsto na Lei 8.666/93 no que diz respeito ao critério de técnica e preço. Esse critério de julgamento se aplica nos casos em que o aspecto técnico se mostra tão ou mais relevante do que o preço a ser desembolsado pela empresa pública ou sociedade de economia mista. A ideia central é realizar a seleção da proposta que apresente a maior

---

[25] art. 56, Lei 13.303/16. Efetuado o julgamento dos lances ou propostas, será promovida a verificação de sua efetividade, promovendo-se a desclassificação daqueles que: IV - se encontrem acima do orçamento estimado para a contratação de que trata o § 1o do art. 57, ressalvada a hipótese prevista no caput do art. 34 desta Lei.

qualidade possível acima do limite mínimo de qualidade exigida do edital.[26]

Segundo o art. 20 da Lei 12.462/11[27], são indicadas duas hipóteses possíveis para utilização do critério de melhor combinação de técnica e preço: quando se tratar de objeto de natureza predominantemente intelectual e de inovação tecnológica ou técnica; ou de objeto que possa ser executado com diferentes metodologias ou tecnologias de domínio restrito no mercado, pontuando-se as vantagens e qualidades que eventualmente forem oferecidas para cada produto ou solução.

Em regra, quanto mais complexo o objeto licitado, mais evidente a necessidade de contratação de um prestador altamente qualificado e, portanto, maior a tendência de utilização do critério de julgamento com base na técnica e preço.

A lei admite a atribuição de fatores de ponderação distintos para valorar as propostas técnicas e de preço, estipulando que o percentual de ponderação mais relevante não

---

[26] NESTER, Alexandre Wagner. Os critérios de julgamento previstos no regime diferenciado de contratações públicas. Informativo Justen, Pereira, Oliveira e Talamini, Curitiba, nº 58, dezembro de 2011.

[27] art. 20, Lei 12.462/11. No julgamento pela melhor combinação de técnica e preço, deverão ser avaliadas e ponderadas as propostas técnicas e de preço apresentadas pelos licitantes, mediante a utilização de parâmetros objetivos obrigatoriamente inseridos no instrumento convocatório.

§ 1º O critério de julgamento a que se refere o caput deste artigo será utilizado quando a avaliação e a ponderação da qualidade técnica das propostas que superarem os requisitos mínimos estabelecidos no instrumento convocatório forem relevantes aos fins pretendidos pela administração pública, e destinar-se-á exclusivamente a objetos:

I - de natureza predominantemente intelectual e de inovação tecnológica ou técnica; ou

II - que possam ser executados com diferentes metodologias ou tecnologias de domínio restrito no mercado, pontuando-se as vantagens e qualidades que eventualmente forem oferecidas para cada produto ou solução.

§ 2º É permitida a atribuição de fatores de ponderação distintos para valorar as propostas técnicas e de preço, sendo o percentual de ponderação mais relevante limitado a 70% (setenta por cento).

deve ultrapassar 70% (setenta por cento) do total[28], visando evitar a possibilidade de descaracterização do critério técnica e preço, o qual pressupõe uma média ponderada entre os dois fatores, tendo em vista a relevância de ambos para a escolha da proposta mais vantajosa para a administração pública.

Embora não seja citado explicitamente na Lei 13.303/16, pode-se adotar um procedimento similar ao previsto no §1º do art. 46 da Lei 8.666/93[29], em que as propostas sejam apresentadas em dois envelopes separados, para que as técnicas sejam abertas e apreciadas antes da revelação dos preços, tal como se procede com o julgamento de melhor técnica.

---

[28] art. 20, § 2º, Lei 12.462/11. É permitida a atribuição de fatores de ponderação distintos para valorar as propostas técnicas e de preço, sendo o percentual de ponderação mais relevante limitado a 70% (setenta por cento).

[29] art. 46, § 1º, Lei 8.666/93. Nas licitações do tipo "melhor técnica" será adotado o seguinte procedimento claramente explicitado no instrumento convocatório, o qual fixará o preço máximo que a Administração se propõe a pagar:

I - serão abertos os envelopes contendo as propostas técnicas exclusivamente dos licitantes previamente qualificados e feita então a avaliação e classificação destas propostas de acordo com os critérios pertinentes e adequados ao objeto licitado, definidos com clareza e objetividade no instrumento convocatório e que considerem a capacitação e a experiência do proponente, a qualidade técnica da proposta, compreendendo metodologia, organização, tecnologias e recursos materiais a serem utilizados nos trabalhos, e a qualificação das equipes técnicas a serem mobilizadas para a sua execução;

II - uma vez classificadas as propostas técnicas, proceder-se-á à abertura das propostas de preço dos licitantes que tenham atingido a valorização mínima estabelecida no instrumento convocatório e à negociação das condições propostas, com a proponente melhor classificada, com base nos orçamentos detalhados apresentados e respectivos preços unitários e tendo como referência o limite representado pela proposta de menor preço entre os licitantes que obtiveram a valorização mínima;

III - no caso de impasse na negociação anterior, procedimento idêntico será adotado, sucessivamente, com os demais proponentes, pela ordem de classificação, até a consecução de acordo para a contratação;

IV - as propostas de preços serão devolvidas intactas aos licitantes que não forem preliminarmente habilitados ou que não obtiverem a valorização mínima estabelecida para a proposta técnica.

Melhor técnica

Assim como ocorre com o critério de técnica e preço, a melhor técnica cabe somente em situações muito especiais, em que a necessidade da empresa pública ou sociedade de economia mista somente será atendida com a contratação de um objeto que, dentro dos limites econômico-financeiros existentes, somente possa ser satisfeito mediante a utilização da melhor técnica possível, e não apenas um padrão mínimo de qualidade.

A seleção se dá exclusivamente em função da melhor proposta técnica, de acordo com os parâmetros objetivos estabelecidos no edital, que definirá ainda o valor do prêmio ou da remuneração que será atribuída ao vencedor. Este critério de julgamento poderá ser utilizado para a contratação de projetos e trabalhos de natureza técnica, científica, incluídos os projetos arquitetônicos e excluídos os projetos de engenharia.[30]

Melhor conteúdo artístico

A Lei 12.462/11, que serviu de base para a Lei 13.303/16, acrescentou a expressão "ou conteúdo artístico", especificando ainda mais a hipótese de cabimento e a forma de aplicação desse critério de julgamento, excetuados os serviços de engenharia. Com isso, além da "elevada qualidade técnica" do objeto, permite-se que o "melhor conteúdo artístico" seja ponderado como fator de julgamento da proposta mais vantajosa. Isso se mostra relevante para as contratações relacionadas com

---

[30] NESTER, Alexandre Wagner. Os critérios de julgamento previstos no regime diferenciado de contratações públicas. Informativo Justen, Pereira, Oliveira e Talamini, Curitiba, nº 58, dezembro de 2011.

preparativos e cerimônias promovidas em eventos culturais e esportivos.

O art. 32 do Decreto 7.581/11 acrescenta disposição relevante para o processamento das licitações realizadas pelo critério de melhor conteúdo artístico. Estabelece que, nesses casos, a comissão de licitação deverá ser auxiliada por uma comissão especial integrada por pelo menos três pessoas de ilibada reputação e notório conhecimento da matéria sob exame, que podem inclusive ser servidores públicos.

Este critério de julgamento é uma exceção à regra de sigilo do orçamento, uma vez que deve ficar explícito no edital o valor do prêmio ao melhor conteúdo artístico[31].

Maior oferta de preço

A Lei 13.303/16 sugere a utilização da maior oferta de preço a qualquer contrato que   resulte em receita para a empresa pública ou sociedade de economia mista. Nesse caso, irá interessar à empresa pública ou sociedade de economia mista um valor mais alto, porque ela estará vendendo um bem e não contratando um serviço ou comprando alguma coisa. Portanto, como não é despesa, mas sim receita, interessa a ela que seja um valor mais alto. Nesse caso, ficam dispensados, diante da ausência de relevância prática, os requisitos de qualificação técnica e econômico-financeira, conforme dispuser o edital. Por outro lado, permite-se que o edital exija dos licitantes a

---

[31] art. 9o, § 2o, Decreto 7.581/11. O instrumento convocatório deverá conter: ... II - o valor da remuneração ou do prêmio, quando adotado o critério de julgamento por melhor técnica ou conteúdo artístico; ...

comprovação do recolhimento de quantia a título de garantia, como requisito de habilitação, limitada a 5% (cinco por cento) do valor ofertado. A garantia prestada pelo licitante vencedor reverterá para a empresa pública ou sociedade de economia mista caso o pagamento não seja efetivado no prazo previsto no ato convocatório, assegurando assim a seriedade e o compromisso dos licitantes com a disputa.[32]

Maior retorno econômico

O critério de maior retorno econômico presta-se para as hipóteses em que o objeto licitado será prestado mediante contrato de eficiência. Trata-se da espécie de contratação que vincula a remuneração do contratado ao resultado do contrato. A espécie vem descrita no §1º do art. 23 da Lei 12.462/11[33] como sendo o contrato de prestação de serviços, que pode contemplar a realização de obras e o fornecimento de bens, com o objetivo de proporcionar economia na forma de redução de despesas correntes da empresa pública ou sociedade de economia mista.

A remuneração da empresa contratada é estipulada com base em um percentual da economia gerada. Se não for alcançada a meta prevista no contrato, fixada com base na proposta vencedora, a empresa contratada estará sujeita às

---

[32] Em: <https://kaiqueoliveira338.jusbrasil.com.br/artigos/335240876/modalidades-e-tipos-de-licitacao>. Acessado em 10 nov. 2018.
[33] art. 23, § 1º, Lei 12.462/11. O contrato de eficiência terá por objeto a prestação de serviços, que pode incluir a realização de obras e o fornecimento de bens, com o objetivo de proporcionar economia ao contratante, na forma de redução de despesas correntes, sendo o contratado remunerado com base em percentual da economia gerada.

sanções previstas no §3º do art. 23 da Lei 12.462/11[34], desconto na diferença na sua remuneração, multa, além de outras cabíveis pelo descumprimento do contrato.[35]

Melhor destinação de bens alienados

Neste critério será obrigatoriamente considerada a repercussão, na sociedade, do uso que será dado ao bem alienado, cuja destinação deve ser comprovada pela empresa contratada. O descumprimento da finalidade resultará na imediata restituição do bem ao acervo patrimonial da empresa pública ou sociedade de economia mista. Não sendo possível a restituição, a empresa contratada deverá indenizar o valor avaliado do bem à empresa pública ou sociedade de economia mista, além de eventuais perdas e danos.[36]

---

[34] art. 23, § 3º, Lei 12.462/11. Nos casos em que não for gerada a economia prevista no contrato de eficiência:
I - a diferença entre a economia contratada e a efetivamente obtida será descontada da remuneração da contratada;
II - se a diferença entre a economia contratada e a efetivamente obtida for superior à remuneração da contratada, será aplicada multa por inexecução contratual no valor da diferença; e
III - a contratada sujeitar-se-á, ainda, a outras sanções cabíveis caso a diferença entre a economia contratada e a efetivamente obtida seja superior ao limite máximo estabelecido no contrato.
[35] NESTER, Alexandre Wagner. Os critérios de julgamento previstos no regime diferenciado de contratações públicas. Informativo Justen, Pereira, Oliveira e Talamini, Curitiba, nº 58, dezembro de 2011.
[36] Orientações para a destinação do patrimônio da União. Disponível em: <http://www.planejamento.gov.br/assuntos/patrimonio-da-uniao/legislacao/cartilha-memo-90-destinacao-orientacoes-para-a-destinacao-do-patrimonio-da-uniao.pdf>. Acesso em 10 nov. 2018.

Verificação de Efetividade

Após ordenadas as propostas de acordo com o critério de julgamento estabelecido no edital, verifica-se a efetividade da proposta mais bem colocada analisando sua aderência em relação aos requisitos estabelecidos. Conforme disposto no art. 56 da Lei 13.303/16, será desclassificada a proposta que:

- Contiver vícios insanáveis;
- Descumprir especificações técnicas descritas no edital;
- Apresentar preços manifestamente inexequíveis;
- Se encontrar acima do orçamento referencial para a contratação, após negociação;
- Não possuir sua exequibilidade demonstrada, quando exigido pela empresa pública ou sociedade de economia mista;
- Apresentar desconformidade com outras exigências do edital, salvo se for possível a acomodação a seus termos antes da adjudicação do objeto e sem que se prejudique o tratamento isonômico entre os demais licitantes.

Para o caso de contratação de *software*, é recomendável que, na fase de verificação de efetividade, os requisitos técnicos previstos em edital sejam avaliados através de uma prova de conceito (POC)[37], que deverá, através da análise dos resultados dos casos de teste, concluir se determinado *software* atende ou

---

[37] Uma prova de conceito, ou POC (sigla do inglês, *Proof of Concept*) é uma implementação, em geral resumida ou incompleta, de um método, ideia ou ferramenta, realizada com o propósito de verificar que o conceito ou a sua função é suscetível de ser explorado de uma maneira útil. Definição disponível em <https://pt.wikipedia.org/wiki/Prova_de_conceito>. Acesso em 10 nov. 2018.

não a necessidade da empresa pública ou sociedade de economia mista. A seguir é apresentada uma proposta de fluxo de trabalho, desenvolvida pelo autor no âmbito de suas atividades profissionais:

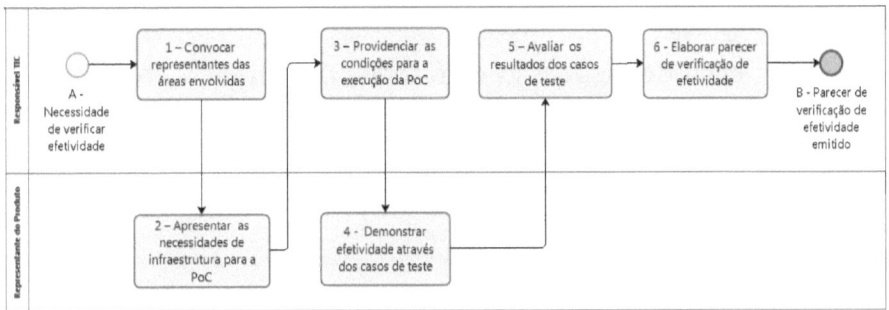

Figura 2 – Proposta de fluxo de atividades para a realização de Verificação de Efetividade nas contratações de software.

Negociação

A negociação é fase obrigatória e o orçamento referencial é o limite para a contratação. Como regra, não é possível contratar acima do orçamento. Caso não se obtenha êxito na negociação, a licitação deverá ser revogada.[38] Antes disso, contudo, não é impedido de acontecer negociação com os demais licitantes, conforme dinâmica apresentada a seguir:

- Realiza-se a negociação com o 1º colocado. Caso a proposta continue acima do orçamento referencial, mesmo após negociação, deve-se convidar o 2º colocado.

---

[38] Disponível em: <https://canalfornecedor.petrobras.com.br/pt/o-funcionamento-de-uma-licitacao/conteudo-do-edital/>. Acesso em 10 nov. 2018.

- Caso o 2° colocado tenha sido aprovado na fase de verificação de efetividade, deve-se negociar com o 2° colocado visando verificar se a proposta apresentada pode alcançar o limite do orçamento referencial. Em caso de insucesso, repete-se este processo com o 3° colocado e assim sucessivamente.
- Em caso de insucesso com todos os licitantes, a licitação deverá ser revogada.

Habilitação

O art. 58 da Lei 13.303/16 estabelece os parâmetros de habilitação que são usados para avaliar se um licitante está ou não habilitado para fornecer o bem ou prestar o serviço. São eles:

- Capacidade de assumir os direitos e obrigações previstos no edital;
- Qualificação técnica, restrita a parcelas do objeto técnica ou economicamente relevantes;
- Capacidade econômica e financeira;
- Recolhimento de quantia a título de adiantamento, em licitações que utilizem como critério de julgamento a maior oferta de preço. Neste caso, os requisitos de qualificação técnica e de capacidade econômica e financeira poderão ser dispensados.

Para ser considerado habilitado, o licitante deve comprovar o atendimento a esses critérios por meio da apresentação de documentos. Estes poderão ser total ou parcialmente substituídos pelo certificado de registro cadastral ou pelo registro de pré-qualificação, quando compatível com a exigência para o objeto do contrato, nos termos do edital. Se o fornecedor não possuir registro cadastral, pode-se realizar sua inscrição utilizando a documentação apresentada na etapa de habilitação.[39]

Fase Recursal

A fase recursal é única e acontece após o término da habilitação. Os recursos deverão ser apresentados no prazo de cinco dias úteis contados da divulgação do encerramento da fase, devendo ser dirigidos à autoridade superior por intermédio da comissão de licitação ou do pregoeiro.

A divulgação dos recursos interpostos será realizada no dia útil seguinte ao encerramento do prazo de apresentação de recursos, estipulado acima, podendo os licitantes apresentarem impugnações aos recursos interpostos no prazo de cinco dias úteis contados da divulgação dos recursos.

Excepcionalmente, em casos de licitação com inversão de fases, os licitantes poderão apresentar recursos após a habilitação e após a verificação de efetividade.[40]

---

[39]   Disponível   em: <https://canalfornecedor.petrobras.com.br/pt/o-funcionamento-de-uma-licitacao/etapas-da-licitacao/>. Acesso em 10 nov. 2018.
[40]   Disponível   em: <https://canalfornecedor.petrobras.com.br/pt/o-funcionamento-de-uma-licitacao/etapas-da-licitacao/>. Acesso em 10 nov. 2018.

Adjudicação

É o ato que dá a expectativa de direito ao vencedor da licitação, ficando a empresa pública ou sociedade de economia mista obrigada a contratar exclusivamente com o vencedor. Em outras palavras, a empresa pública ou sociedade de economia mista poderá não firmar o contrato administrativo, porém, se o fizer, terá de ser com o vencedor da licitação.[41]

Homologação / Revogação / Anulação

Finalizada as fases anteriores, pode-se homologar o resultado, revogar o procedimento ou anulá-lo. Em caso de homologação, convoca-se o licitante vencedor para assinatura do instrumento contratual.

Quando houver anulação ou revogação da licitação após iniciada a apresentação de propostas, os licitantes poderão manifestar interesse em contestar. Será concedido o prazo de cinco dias úteis, contados da divulgação da anulação ou revogação da licitação.

A contestação será dirigida, por intermédio da comissão de licitação ou do pregoeiro, à autoridade hierarquicamente superior àquela que praticou o ato contestado.[42]

---

[41] Em: <https://enciclopediajuridica.pucsp.br/verbete/174/edicao-1/adjudicacao>. Acesso em 10 nov. 2018.
[42] Disponível em: <https://canalfornecedor.petrobras.com.br/pt/o-funcionamento-de-uma-licitacao/etapas-da-licitacao/>. Acesso em 10 nov. 2018.

Dos procedimentos auxiliares

Uma das inovações da Lei 13.303/16 foi a adoção de alguns procedimentos auxiliares. Os procedimentos auxiliares são independentes e prévios à eventual licitação e permitem que a licitação ou contratação futura se desenvolva com maior celeridade, haja visto que as análises mais complexas já foram analisadas preliminarmente. Os procedimentos auxiliares estão previstos no art. 63 da Lei 13.303/16[43].

Registro Cadastral

O registro cadastral tem grande importância para a fase de habilitação. Trata-se de habilitação prévia do fornecedor, pois os licitantes cadastrados terão sua habilitação automática na licitação, minimizando riscos de qualquer eventualidade ou problema durante o processo licitatório, que o levem a ser inabilitados. Por outro lado, o procedimento licitatório torna-se mais célere. Avalia os aspectos técnicos, econômicos e legais do fornecedor.[44]

---

[43] art. 63, Lei 13.303/16. São procedimentos auxiliares das licitações regidas por esta Lei:
I - pré-qualificação permanente;
II - cadastramento;
III - sistema de registro de preços;
IV - catálogo eletrônico de padronização.
Parágrafo único. Os procedimentos de que trata o caput deste artigo obedecerão a critérios claros e objetivos definidos em regulamento.
[44] Disponível em: <https://canalfornecedor.petrobras.com.br/pt/cadastro-de-fornecedores/sobre-o-cadastro-de-fornecedores/>. Acesso em 10 nov. 2018.

Pré-qualificação

Esse procedimento consiste em avaliar de forma antecipada a capacidade técnica dos fornecedores, garantindo a qualidade dos bens ou serviços e mitigando o risco da participação na licitação de fornecedores sem *expertise* ou produtos sem qualidade técnica. Também torna o processo de contratação mais ágil, uma vez que a avaliação dos requisitos deixa de ser realizada durante o processo licitatório. Encontra previsão no art. 64 da Lei 13.303/16[45]. Pode ser:

- subjetiva (quando se avalia os requisitos do fornecedor) ou objetiva (quando se avalia os requisitos do objeto).
- parcial (quando apenas uma parte dos requisitos é avaliada) ou total (quando todos os requisitos são avaliados).

---

[45] art. 64, Lei 13.303/16. Considera-se pré-qualificação permanente o procedimento anterior à licitação destinado a identificar:
I - fornecedores que reúnam condições de habilitação exigidas para o fornecimento de bem ou a execução de serviço ou obra nos prazos, locais e condições previamente estabelecidos;
II - bens que atendam às exigências técnicas e de qualidade da administração pública.
§ 1º O procedimento de pré-qualificação será público e permanentemente aberto à inscrição de qualquer interessado.
§ 2º A empresa pública e a sociedade de economia mista poderão restringir a participação em suas licitações a fornecedores ou produtos pré-qualificados, nas condições estabelecidas em regulamento.
§ 3º A pré-qualificação poderá ser efetuada nos grupos ou segmentos, segundo as especialidades dos fornecedores.
§ 4º A pré-qualificação poderá ser parcial ou total, contendo alguns ou todos os requisitos de habilitação ou técnicos necessários à contratação, assegurada, em qualquer hipótese, a igualdade de condições entre os concorrentes.
§ 5º A pré-qualificação terá validade de 1 (um) ano, no máximo, podendo ser atualizada a qualquer tempo.
§ 6º Na pré-qualificação aberta de produtos, poderá ser exigida a comprovação de qualidade.
§ 7º É obrigatória a divulgação dos produtos e dos interessados que forem pré-qualificados.

É uma antecipação da habilitação técnica. Torna mais célere a fase de verificação de efetividade. Existe a possibilidade de realização de licitação restrita aos pré-qualificados, se a pré-qualificação for do tipo total.[46]

Sistema de Registro de Preço (SRP)

O Sistema de Registro de Preços (SRP) é o conjunto de procedimentos para registro formal de preços relativos à prestação de serviços e aquisição de bens, para as contratações futuras. Encontra previsão no art. 66 da Lei 13.303/16[47]. O SRP deve ser adotado preferencialmente em uma das seguintes hipóteses:

1. Quando, pelas características do bem ou serviço, houver necessidade de contratações frequentes.

---

[46] Disponível em: <https://canalfornecedor.petrobras.com.br/pt/cadastro-de-fornecedores/pre-qualificacao/>. Acesso em 10 nov. 2018.
[47] art. 66, § 2o, Lei 13.303/16. O registro de preços observará, entre outras, as seguintes condições:
I - efetivação prévia de ampla pesquisa de mercado;
II - seleção de acordo com os procedimentos previstos em regulamento;
III - desenvolvimento obrigatório de rotina de controle e atualização periódicos dos preços registrados;
IV - definição da validade do registro;
V - inclusão, na respectiva ata, do registro dos licitantes que aceitarem cotar os bens ou serviços com preços iguais ao do licitante vencedor na sequência da classificação do certame, assim como dos licitantes que mantiverem suas propostas originais.
§ 3º A existência de preços registrados não obriga a administração pública a firmar os contratos que deles poderão advir, sendo facultada a realização de licitação específica, assegurada ao licitante registrado preferência em igualdade de condições.

2. Quando, for conveniente a compra de bens ou a contratação de serviços para o atendimento a mais de um órgão ou entidade, ou programa de governo.

3. Quando, pela natureza do objeto, não for possível definir previamente o quantitativo a ser demandado pela administração pública.

4. Quando for conveniente a aquisição de bens com previsão de entregas parceladas ou contratação de serviços remunerados por unidade de medida ou em regime de tarefa.[48]

Catálogo Eletrônico de Padronização (CEP)

Conforme o disposto no art. 67 da Lei 13.303/16, o catálogo eletrônico de padronização de compras, serviços e obras (CEP) consiste em sistema informatizado, de gerenciamento centralizado, destinado a permitir a padronização dos bens ou serviços a serem adquiridos pela empresa pública ou sociedade de economia mista que estarão disponíveis para a realização de licitação. O CEP poderá ser utilizado em licitações cujo critério de julgamento seja o menor preço ou o maior desconto e poderá conter[49]:

I. Especificação de bens, serviços ou obras, inclusive quando se tratar de item padronizado;

---

[48] Em: <https://www.comprasgovernamentais.gov.br/images/conteudo/ArquivosCGNOR/SEBRAE/Sistema-de-Registro-de-Preos---SRP.pdf>. Acesso em 11 nov. 2018.
[49] Disponível em: <https://canalfornecedor.petrobras.com.br/pt/regras-de-contratacao/catalogo-de-padronizacao/>. Acesso em 10 nov. 2018.

II. Descrição de requisitos de habilitação de licitantes, conforme o objeto da licitação;

III. Modelos de:

    a. Instrumentos convocatórios e declarações a eles anexas;

    b. Minutas de contratos;

    c. Termos de referência e projetos referência;

    d. Especificação de serviços;

    e. Outros documentos necessários ao procedimento de licitação que possam ser padronizados.

O uso do CEP não impede a empresa pública ou sociedade de economia de, a cada licitação, realizar na documentação padronizada as adaptações julgadas necessárias para adequá-la ao caso concreto.

II - OS PRINCÍPIOS QUE REGEM O PROCESSO LICITATÓRIO

Os princípios que regem um processo licitatório são vários. Além daqueles previstos no art. 3º da Lei 8.666/93, que também se aplicam à Lei 13.303/16, há previsão expressa de outros, como aqueles presentes no caput do art. 37 da Constituição Federal, a serem observados no procedimento de compra pela empresa pública ou sociedade de economia mista.

Para um melhor entendimento do presente trabalho, optou-se por uma breve explanação dos mais importantes princípios relacionados no art. 3º da Lei 8.666/93.

Princípio da legalidade administrativa

O princípio da legalidade é considerado o princípio dos princípios. Celso Antônio Bandeira de Mello[50] considera-o princípio capital para a configuração do regime jurídico-administrativo, e que este é a essência do Estado de Direito, pois lhe dá identidade própria.

A Constituição Federal de 1988 estabelece o princípio da legalidade para todos os indivíduos em território nacional, segundo o texto do art. 5º, inciso II *"ninguém será obrigado a fazer ou deixar de fazer alguma coisa senão em virtude de lei"*.

O princípio da legalidade estabelece a pauta dos direitos e deveres de todos os cidadãos, e constitui-se como matriz da atuação da administração pública, quando esta tem o poder de sacrificar juridicamente interesses individuais, como a liberdade e a propriedade privada.[51]

O princípio da legalidade, junto ao controle da administração pelo poder judiciário, constitui uma das principais garantias no que diz respeito aos direitos individuais. A lei estabelece limites para a atuação administrativa quando esta tem por objeto a restrição ao exercício de tais direitos em benefício da coletividade. Assim, a vontade da administração pública é aquela que decorre da lei, diferente do que acontece nas relações entre particulares, onde impera a autonomia da vontade.

---

[50] MELLO, Celso Antônio Bandeira de. Curso de Direito Administrativo. 27. ed. São Paulo: Malheiros Editores. 2010.
[51] Disponível em: <https://www.jurisway.org.br/v2/dhall.asp?id_dh=10418>. Acesso em 11 nov 2018.

Segundo Maria Sylvia Zanella Di Pietro[52], *"a administração pública não pode, por simples ato administrativo, conceder direitos de qualquer espécie, criar obrigações ou impor vedações aos administrados; para tanto, ela depende da lei."* Nesse mesmo sentido, uma ação que pretende apresentar-se como ação administrativa precisa estar legitimada por um preceito jurídico, que antecipadamente preveja esta ação, e sem o qual esta não poderá ser compreendida como ação do Estado.

Em edição mais recente de sua obra, Maria Sylvia Zanella Di Pietro[53] diz: *"a permissão para a prática de atos administrativos expressamente autorizados pela lei, ainda que mediante simples atribuição de competência pois esta também provém da lei, é expressão do princípio da legalidade."*

O princípio da legalidade administrativa é uma dimensão específica do princípio da legalidade, aplicável à administração pública e decorre diretamente do art. 37, caput, da CF/88, impondo a atuação administrativa somente quando houver previsão legal. Por esse motivo, ele costuma ser chamado de princípio de estrita legalidade. Nesse contexto, a administração pública deve se limitar aos ditames da lei, não podendo por simples ato administrativo, conceder direitos de qualquer espécie, criar obrigações ou impor vedações, ou seja, sua atuação depende de prévia edição legal.[54] Importante dizer que esta é uma concepção tradicional do princípio da legalidade administrativa. Em uma concepção mais moderna, onde vale

---

[52] DI PIETRO, Maria Sylvia Zanella. Direito Administrativo. 27ª Edição. São Paulo: Atlas, 2014.
[53] DI PIETRO, Matia Sylvia Zanella. Direito Administrativo. 30 ª Edição. Rio de Janeiro: Editora Forense, 2017.
[54] Disponível em: <https://caiopatriotaadvocacia.jusbrasil.com.br/artigos/432838585/o-principio-da-legalidade-administrativa>. Acesso em 11 nov. 2018.

citar Diogo de Figueiredo Moreira Neto[55], percebe-se que em algumas situações, mesmo na ausência de lei estrita, a Administração Pública não fica impedida de agir. Corrobora este pensamento o fato de que a própria Constituição Federal autoriza em algumas situações que a Administração Pública espessa regulamentos autônomos na ausência de lei. Por exemplo, as agências reguladoras são autorizadas a emitirem atos normativos através de atos administrativos.

---

[55] MOREIRA NETO, Diogo de Figueiredo. Curso de Direito Administrativo. 10ª ed., rev., refund. e atual. Pela Constituição de 1988, Rio de Janeiro: Forense, 1994. Legitimidade e Discricionariedade – Novas reflexões sobre os limites e controle da discricionariedade. 2ª ed., Rio de Janeiro: Forense, 1991.

Princípio da impessoalidade

Este princípio traduz-se na ideia de que a atuação do agente público deve-se pautar pela busca do interesse da coletividade, sendo vedado beneficiar ou prejudicar alguém em especial, ou seja, o princípio vela a não discriminação das condutas administrativas que não devem ter como alvo a pessoa que será atingida pelo seu ato. Com efeito, o princípio da impessoalidade reflete a necessidade de uma atuação que não discrimina terceiros, seja para benefício ou para prejuízo. Dessa forma, é possível considerar que, ao Estado, é irrelevante conhecer quem será atingido pelo ato, pois sua atuação se dá de forma impessoal. O agente fica vedado de priorizar seus interesses pessoais ou de terceiros. Esse aspecto baseia-se no Princípio da isonomia. Para Celso Antônio Bandeira de Mello[56], a *"Administração deve tratar a todos sem favoritismos, nem perseguições, simpatias ou animosidades políticas ou ideológicas"*.

---

[56] DE MELLO, Celso Antônio Bandeira. Curso de Direito Administrativo, 7ª ed., São Paulo: Malheiros, p. 68.

Princípio da Moralidade

Com a Constituição Federal de 1988, a moralidade administrativa foi, pela primeira vez, erigida a princípio constitucional. Conforme dispõe seu art. 37, *caput*, que estabelece diretrizes à administração pública, *"A administração pública direta e indireta de qualquer dos Poderes da União, dos Estados, do Distrito Federal e dos Municípios obedecerá aos princípios de legalidade, impessoalidade, moralidade, publicidade e eficiência e, também, ao seguinte"*.

O princípio da moralidade, e os demais elencados no art. 37 da CF, visam resguardar o interesse público na tutela dos bens da coletividade, *"exigindo que o agente público paute sua conduta por padrões éticos que têm por fim último alcançar a consecução do bem comum, independentemente da esfera de poder ou do nível político-administrativo da Federação em que atue"*. As restrições impostas à atuação do administrador público, pelo princípio da moralidade, e demais postulados do art. 37 da CF, *"são autoaplicáveis, por trazerem em si carga de normatividade apta a produzir efeitos jurídicos, permitindo, em consequência, ao Judiciário exercer o controle dos atos que transgridam os valores fundantes do texto constitucional"*. [57]

Para Helly Lopes Meirelles,

> *"A moralidade administrativa constitui hoje em dia,
> pressuposto da validade de todo ato da Administração*

---

[57] RE 579.951, Supremo Tribunal Federal, Rel. Ministro Ricardo Lewandowski, julgamento em 20-8-08, Informativo 516.

*Pública (Const. Rep., art. 37, caput). Não se trata –
diz Hauriou, o sistematizador de tal conceito – da
moral comum, mas sim de uma moral jurídica,
entendida como "o conjunto de regras de conduta
tiradas da disciplina interior da Administração.
Desenvolvendo a sua doutrina, explica o mesmo autor
que o agente administrativo, como ser humano
dotado da capacidade de atuar, deve,
necessariamente, distinguir o Bem do Mal, o honesto
do desonesto. E, ao atuar, não poderá desprezar o
elemento ético de sua conduta. Assim, não terá que
decidir somente entre o legal e o ilegal, o justo e o
injusto, o conveniente e o inconveniente, o oportuno
e o inoportuno, mas também entre o honesto e o
desonesto. Por considerações de direito e de moral, o
ato administrativo não terá que obedecer somente à
lei jurídica, mas também à lei ética da própria
instituição, porque nem tudo que é legal é honesto,
conforme já proclamavam os romanos – 'non omne
quod licet honestum est'. A moral comum é imposta
ao homem para sua conduta externa; a moral
administrativa é imposta ao agente público para a sua
conduta interna, segundo as exigências da instituição
a que serve, e a finalidade de sua ação: o bem
comum. (...)
O certo é que a moralidade do ato administrativo,
juntamente com a sua legalidade e finalidade,*

constitui pressupostos de validade, sem os quais toda
atividade pública será ilegítima."[58]

Maria Sylvia Zanella Di Pietro[59] comenta que:

"Não é preciso penetrar na intenção do agente,
porque do próprio objeto resulta a imoralidade. Isto
ocorre quando o conteúdo de determinado ato
contrariar o senso comum de honestidade, retidão,
equilíbrio, justiça, respeito à dignidade do ser
humano, à boa fé, ao trabalho, à ética das
instituições. A moralidade exige proporcionalidade
entre os meios e os fins a atingir; entre os sacrifícios
impostos à coletividade e os benefícios por ela
auferidos; entre as vantagens usufruídas pelas
autoridades públicas e os encargos impostos à
maioria dos cidadãos.
Por isso mesmo, a imoralidade salta aos olhos quando
a Administração Pública é pródiga em despesas
legais, porém inúteis, como propaganda ou
mordomia, quando a população precisa de assistência
médica, alimentação, moradia, segurança, educação,
isso sem falar no mínimo indispensável à existência
digna."

---

[58] MEIRELLES, Hely Lopes. Direito Administrativo Brasileiro. 15ª edição, São Paulo: Revista dos Tribunais, 1990, p. 79-80.
[59] DI PIETRO, Maria Sylvia Zanella. Discricionariedade administrativa na Constituição de 1988. São Paulo: Atlas, 1991, p. 111.

Em suma, todo ato administrativo e todos os demais princípios da administração pública devem estar pautados pelo princípio da moralidade. Neste sentido, segue a visão de Cármen Lúcia Antunes Rocha:

> *"O princípio da moralidade administrativa tem uma primazia sobre os outros princípios constitucionalmente formulados, por constituir-se, em sua exigência, de elemento interno a fornecer a substância válida do comportamento público. Toda atuação administrativa parte deste princípio e a ele se volta. Os demais princípios constitucionais, expressos ou implícitos, somente podem ter a sua leitura correta no sentido de admitir a moralidade como parte integrante do seu conteúdo. Assim, o que se exige, no sistema de Estado Democrático de Direito no presente, é a legalidade moral, vale dizer, a legalidade legítima da conduta administrativa."[60]*

Por fim, vale anotar que a doutrina considera que a imoralidade surge do conteúdo do ato. Por conseguinte, não é preciso a intenção do agente público, mas sim o objeto do ato praticado. Logo, um ato pode ser imoral, ainda que o agente não tivesse a intenção de cometer uma imoralidade.

---

[60] ROCHA, Cármen Lúcia Antunes. Princípios constitucionais da administração pública. Belo Horizonte: Del Rey, 1994. pp. 213-214.

Princípio da Igualdade (Isonomia)

Trata-se de um princípio jurídico disposto nas Constituições de vários países que afirma que "todos são iguais perante a lei", independentemente da riqueza ou prestígio destes. O princípio informa a todos os ramos do direito.

Tal princípio deve ser considerado em dois aspectos: o da igualdade na lei, a qual é destinada ao legislador, ou ao próprio executivo, que, na elaboração das leis, atos normativos, e medidas provisórias, não poderão fazer nenhuma discriminação. E o da igualdade perante a lei, que se traduz na exigência de que os poderes executivo e judiciário, na aplicação da lei, não façam qualquer discriminação.

Este princípio, como todos os outros, nem sempre será aplicado, podendo ser relativizado de acordo com o caso concreto. Doutrina e jurisprudência já assentam o princípio de que a igualdade jurídica consiste em assegurar às pessoas de situações iguais os mesmos direitos, prerrogativas e vantagens, com as obrigações correspondentes, o que significa "tratar igualmente os iguais e desigualmente os desiguais na medida em que eles se desigualam", visando sempre o equilíbrio entre todos.

Princípio da Publicidade

O princípio da publicidade vem do dever de divulgação oficial dos atos administrativos. Baseia-se, pois, no livre acesso dos indivíduos a informações de seu interesse e de transparência na atuação administrativa. Como os agentes públicos atuam na defesa dos interesses da coletividade, a proibição de condutas sigilosas e atos secretos é um corolário da natureza funcional de suas atividades. Portanto, a publicidade dos atos administrativos constitui medida voltada a exteriorizar a vontade da Administração Pública divulgando seu conteúdo para conhecimento público; tornar exigível o conteúdo do ato; desencadear a produção de efeitos do ato administrativo; e permitir o controle de legalidade do comportamento.[61]

---

[61] MAZZA, Alexandre. Manual de direito administrativo. 4. ed. São Paulo: Saraiva, 2014.

Princípio da vinculação ao instrumento convocatório

O princípio da vinculação ao instrumento convocatório é corolário do princípio da legalidade e da objetividade das determinações habilitatórias. Impõe à administração pública e ao licitante a observância das normas estabelecidas no edital de forma objetiva, mas sempre velando pelo princípio da competitividade.

Deve-se interpretar os preceitos do ato convocatório em conformidade com as leis e a constituição federal. Afinal, é ato concretizador e de hierarquia inferior a essas. Antes de observar o edital e condicionar-se a ele, os licitantes devem verificar a sua legalidade, legitimidade e constitucionalidade. O edital é o derradeiro instrumento normativo da licitação, pois regramenta as condições específicas de um dado certame, afunilando a constituição, as leis, e atos normativos outros infralegais. Porém, não poderá contraditá-los.

O edital deve tratar tão somente de coisas específicas relativas ao certame. Deve, ainda, haver total intersecção com as normas de hierarquia superior. Não pode tratar, portanto, de assuntos que imponham obrigações e deveres não constantes nas leis em virtude do inciso II do art. 5º da constituição federal.

Os editais também não podem tratar de forma distinta a atividade econômica legalmente regulamentada. A empresa, como atividade econômica, possui regras, e tais não podem ser interpretadas ou tratadas de forma distinta pelo edital. Referido princípio impõe à administração não aceitar qualquer proposta que não se enquadre nas exigências do ato convocatório, desde que tais exigências tenham total relação ou nexo com o objeto da licitação, bem como com a lei e a constituição. [62]

[62] FROTA, David Augusto Souza Lopes Frota. O Princípio da Vinculação ao Instrumento Convocatório. Deverá ser observado no contexto geral da sistemática normativa. Disponível em: <https://jus.com.br/artigos/64267/o-principio-da-vinculacao-ao-instrumento-convocatorio-devera-ser-observado-no-contexto-geral-da-sistematica-normativa>. Fev. 2018.

Princípio do julgamento objetivo

Um dos princípios basilares da licitação pública compreende o julgamento objetivo. Como julgamento objetivo entende-se aquele baseado em critérios e parâmetros concretos, precisos, previamente estipulados no instrumento convocatório, que afastem quaisquer subjetivismos quando da análise da documentação.[63]

A necessidade de que o julgamento se dê de maneira objetiva afasta a possibilidade de a Administração, ao definir os critérios de habilitação, restringir-se a copiar a disciplina legal.

Conforme apresentado pelo art. 30 da Lei 8.666/93, é comum a existência de cláusula de habilitação técnica exigindo a apresentação de atestados que comprovem *"aptidão para desempenho de atividade pertinente e compatível em características, quantidades e prazos com o objeto da licitação"*, porém sem definir os itens/medidas a ser comprovados, porque pertinentes às parcelas mais relevantes do objeto. Cláusulas genéricas como essas comprometem a objetividade no julgamento.

O TCU determinou a um de seus jurisdicionados que:

> *"o edital deve estabelecer, com a necessária objetividade, a forma de comprovação da aptidão para o desempenho de atividades pertinentes e compatíveis em características, quantidades e prazos*

---

[63] Em <https://www.zenite.blog.br/qualificacao-tecnica-e-o-julgamento-objetivo-nas-licitacoes/>. Acesso em 11 nov. 2018.

com o objeto da licitação; b) o edital deve estabelecer os elementos que devem constar dos atestados de capacidade técnica para fins de comprovação da realização de serviços compatíveis com os descritos no objeto do certame".[64]

Em outra oportunidade, o TCU ratificou esse entendimento, conforme texto extraído do Informativo de Jurisprudência sobre Licitações e Contratos nº 81:

"Mediante auditoria realizada nas obras de implantação do perímetro de irrigação Araras Norte – 2ª etapa, no Estado do Ceará, sob responsabilidade do Departamento Nacional de Obras Contra as Secas – (DNOCS), uma das irregularidades apuradas por equipe do Tribunal consistiu no estabelecimento, como critério para a habilitação técnica dos licitantes, da apresentação de atestados que comprovassem a execução de um conjunto de serviços considerados de maior relevância e valor significativo na obra em contratação. No edital, entretanto, não haveriam sido definidos os quantitativos mínimos que os atestados deveriam comprovar, e, quando da avaliação da qualificação técnica dos licitantes, o DNOCS arbitrara quantidades mínimas dos referidos serviços para verificar se os licitantes atenderiam aos critérios de habilitação. De tal situação, teve-se como resultado a inabilitação de seis dos oito licitantes, o que, para o

---

[64] TCU, acórdão nº 8.430/2011 – 1ª Câmara.

relator, evidenciaria que o critério de qualificação técnica adotado não observara o princípio de vinculação ao instrumento convocatório, tendo sido decisivo para a inabilitação da maioria dos licitantes. Por conseguinte, por considerar que a irregularidade seria grave, votou o relator por que o Tribunal ouvisse em audiência o chefe da divisão de licitações do DNOCS, sem prejuízo do encaminhamento de outras determinações à instituição. Nos termos do voto do relator, o Plenário manifestou sua anuência. "[65]

A preservação do julgamento objetivo, portanto, demanda a existência de cláusula clara e precisa quanto ao conteúdo dos atestados a serem apresentados, à luz do efetivamente necessário à avalição da qualificação técnica do licitante para bem executar o objeto licitado.[66]

---

[65] TCU, acórdão nº 2.630/2011 – Plenário.
[66] Em: <https://www.zenite.blog.br/qualificacao-tecnica-e-o-julgamento-objetivo-nas-licitacoes/>. Acesso em 11 nov. 2018.

Princípio da padronização

Para Marçal Justen Filho,

> *"o princípio da padronização deverá ser observado pelas empresas públicas e sociedade de economia mista sempre que possível, e visa a propiciar uma consecução mais econômica e vantajosa de seus fins, servindo como instrumento de racionalização da atividade administrativa, com redução de custos e otimização da aplicação de recursos. Significa que a padronização elimina variações tanto no tocante à seleção de produtos no momento da contratação como também na sua utilização, conservação, etc."* [67]

Não se pode deixar de citar que, a despeito de inúmeras vantagens propiciadas pela padronização, que deve ser alvo permanente de intenção das empresas públicas e sociedades de economia mista, não poderá haver qualquer direcionamento que entre em conflito com os princípios da igualdade e da competitividade, que afronte indiretamente ao dever de licitar.

A padronização deve ser resultado da experiência da empresa pública ou sociedade de economia mista nas aquisições de produtos e utilização de serviços, com vistas a repercutir nas futuras contratações, que deverão ser pautadas pelas constatações predeterminadas.

---

[67] JUSTEN FILHO, Marçal. Comentários à Lei das Licitações e Contratos Administrativos. 10ª ed. São Paulo: Dialética, 2004, p. 144. Com adaptações.

Com base neste conceito, no próximo capítulo será analisada mais detalhadamente a padronização e os seus efeitos.

III - A PADRONIZAÇÃO

Para Eduardo Azeredo Rodrigues,

"*a padronização tem o objetivo de definir características referentes às especificações técnicas e de desempenho de determinado gênero de bens ou produtos que são almejados pelas empresas públicas e sociedades de economia mista, o que pode resultar na conclusão de que determinadas marcas atendem ao tipo de padronização adotado ou, até mesmo, apenas determinado fornecedor oferece o produto que se combina com os padrões pretendidos. Pode também haver a conclusão motivada e circunstanciada no sentido de que a homogeneidade de produtos adquiridos, ainda que existam similares no mercado, é a única solução que satisfaz ao interesse público, sob as perspectivas da economicidade e eficiência. Nessa última hipótese, óbice não há que a Administração conclua pela escolha de determinada marca, sendo esta a única que ostenta as características compatíveis com a padronização adotada, ou desde que haja justificada necessidade de adoção de apenas uma marca.* "[68]

---

[68] RODRIGUES, Eduardo Azeredo. O princípio da padronização. Revista de Direito, n°01. Banco de conhecimento do Tribunal de Justiça do Rio de Janeiro, 2007.

Todavia, não se pode perder de vista que o princípio da padronização deve ser compatibilizado com os demais que norteiam a matéria, especialmente os da competitividade e da isonomia. Por essa razão, só em circunstâncias especiais, precedida de estudo técnico em que se afira que apenas determinada marca ou grupo de produtos se amoldam às características necessárias, e que os demais (ou a coexistência de uma heterogeneidade de fornecedores) não atenderão, a empresa pública ou sociedade de economia mista poderá, em nome da padronização adotada, prescindir da realização do certame licitatório, por se tratar de hipótese de inexigibilidade de licitação. Essa foi a conclusão alcançada pelo TCU, em decisão plenária na qual pontuou, ainda, o seguinte:

> *"O advérbio 'comprovadamente' constitui condição fundamental para admitir-se tal linha de orientação. A invocação do princípio da padronização como argumento para estreitar o campo da competição licitatória, ou mesmo para declará-la inexigível, requer justificação circunstanciada e objetiva dos motivos e condições que, no caso concreto, conduzem o administrador à conclusão de que sua preservação não se compatibiliza com a realização da licitação, ou que o certame, se realizado, deva circunscrever-se a equipamentos ou produtos de determinada procedência. É indispensável exigir-se essa comprovação, formalmente aprovada pela instância decisória superior ao responsável pelo contrato, em cada hipótese, para que não se generalize nem se*

vulgarize a invocação, a qualquer pretexto, do princípio da padronização como fórmula corriqueira para contornar a licitação na aquisição de quaisquer bens e materiais correntes, que, pelas características técnicas, sejam de marcas e padrões de fabricação facilmente intercambiáveis". [69]

O mesmo TCU entendeu, em outra ocasião[70], que a padronização é causa necessária e suficiente para fundamentar dispensa de licitação (no caso de existência de apenas um canal de comercialização). Em resposta à consulta formulada pelo Tribunal Superior Eleitoral (TSE), o TCU manifestou-se no sentido de que, para a modernização da Justiça Eleitoral, ainda que houvesse no mercado de informática equipamentos similares, a aquisição de produtos de variadas marcas reverteria em elevadíssimos investimentos no que toca ao contingente de recursos humanos que necessitaria ser ampliado, em detrimento do aspecto da eficiência e da obtenção do resultado almejado pela própria modernização. Conclui, entretanto, ser necessária a elaboração prévia de estudo técnico de viabilidade no qual fatores operacionais e financeiros fossem analisados.

Complementando o seu raciocínio, Eduardo Azeredo Rodrigues ressalva que,

"à decisão administrativa no sentido da padronização de determinado produto ou serviço impõe-se

---

[69] TCU-020.528/94-4, Relator Ministro Carlos Átila Álvares da Silva, DOU de 18.09.95, p. 14.434, transcrito de Jessé Torres Pereira Junior. JUNIOR, Jessé Torres Pereira. Comentários à Lei das Licitações e Contratações da Administração Pública. 5a ed. Rio de Janeiro: Renovar, 2002, p. 177.
[70] TCU, processo n° 20.605/91-9, Rel. Min. Homero Santos. RDA 186/299.

procedimento especial[71], mesmo porque estão potencialmente envolvidos outros princípios que regem a matéria e podem, em tese, atritar com tal providência, na medida em que, em decorrência da padronização, poderá haver casos nos quais as futuras compras ou serviços serão contratados diretamente, sem a realização do certame."[72]

Nesse sentido, há que serem detectadas quais as características técnicas e operacionais que atendem satisfatoriamente aos interesses da empresa pública ou sociedade de economia mista, por meio de pareceres, estudos e justificativas técnicas, nos quais sejam identificadas as vantagens da medida, bem como os produtos que ostentam tais qualidades. Importante dizer que apenas eventualmente poderá se chegar à conclusão de que a padronização aponta para determinada marca.

Preceitua Marçal Justen Filho que,

"A competência para decretar a padronização é da autoridade de mais elevada hierarquia, amparada por procedimento administrativo complexo através do qual fique constatada a utilidade e o cabimento da padronização, e que possibilite o acesso a eventuais interessados, já que futuramente poderão ocorrer, em decorrência da mesma, contratações diretas. Para

---

[71] Informativo Licitações e Contratos – ILC, Zênite, Perguntas e Respostas – 448/16/JUN/95. Informativo Licitações e Contratos – ILC, Zênite, Perguntas e Respostas – 59/83/JAN/01.
[72] RODRIGUES, Eduardo Azeredo. O princípio da padronização. Revista de Direito, nº01. Banco de conhecimento do Tribunal de Justiça do Rio de Janeiro, 2007.

a concretização da padronização, será adequado constituir uma comissão especial que deverá apurar as necessidades administrativas, formular previsão acerca do montante econômico dos contratos futuros e examinar as alternativas disponíveis para a padronização. Se for o caso, deverão ser ouvidas autoridades acerca do assunto. (...). Poderão ser realizados testes das mais diversas naturezas. Será aconselhável ouvir órgãos de classe, sindicatos e representantes de usuários. Enfim, todos os dados possíveis e imagináveis deverão ser considerados.... É indispensável dar ao conhecimento público a existência de um procedimento destinado a promover a padronização". [73]

O referido procedimento, entretanto, não necessita ser revestido do mesmo formalismo do certame licitatório. Os particulares interessados não apresentam proposta, mas devem ter a oportunidade, se necessário, de demonstrar às empresas públicas e sociedade de economia mista as vantagens de seus produtos. Deverá ainda, pela comissão, ser fixado um prazo de vigência para a padronização, que deverá ser compatível com o prazo onde entende-se que as vantagens técnicas e econômicas continuarão prevalecendo. [74]

Nesse sentido, indagada a Procuradoria Geral do Tribunal de Contas do Estado do Rio de Janeiro (PGE-RJ) acerca

---

[73] FILHO, Marçal Justen. Comentários à lei das licitações e contratos administrativos. 10ª ed. São Paulo: Dialética, 2004, p. 145.
[74] RODRIGUES, Eduardo Azeredo. O princípio da padronização. Revista de Direito, nº01. Banco de conhecimento do Tribunal de Justiça do Rio de Janeiro, 2007.

da possibilidade de padronização de microcomputadores e de impressoras a jato de tinta de determinada marca, pelo fato de já haver expressivo quantitativo de equipamentos com as mesmas características, o que facilitaria o trabalho de manutenção e agilizaria o atendimento e a efetivação da garantia pelo representante da assistência técnica de uma mesma marca, recomendou aquele órgão consultivo o seguinte procedimento:

"1.1. constituição de uma comissão especial para realizar estudo técnico no qual sejam aferidos:

1.1.1. os requisitos técnicos e as características que atendem satisfatoriamente aos interesses da Administração no que se refere aos microcomputadores de mesa e portáteis, bem como às impressoras a jato de tinta;

1.1.2. quais os fabricantes que disponibilizam no mercado equipamentos com tais características;

1.1.3. na hipótese da haver outros equipamentos similares, de outras marcas, com as mesmas características, um estudo das vantagens (diretas e indiretas), sob os aspectos técnico, operacional e financeiro, que serão revertidas para a esta Corte de Contas na hipótese de adotar a padronização, passando a adquirir apenas equipamentos do fabricante HP, bem como as desvantagens na hipótese de não ser a mesma adotada;

1.1.4. estipular o prazo dentro do qual será conveniente a padronização, bem como formular a previsão do quantitativo de equipamentos que serão adquiridos por esta Corte no futuro, especialmente dentro do prazo fixado.

1.2. seja dada publicidade ao referido procedimento, para manifestação de eventuais interessados, bem como para que possam apresentar, caso queiram, as vantagens de seus produtos;

1.3. seja, ao fim do estudo realizado, submetido o processo em epígrafe ao Excelentíssimo Conselheiro Presidente deste Egrégio Tribunal de Contas, autoridade competente para autorizar a adoção da padronização ora requerida."[75]

O princípio da padronização deve ser adotado somente quando oferecer real interesse da empresa pública ou sociedade de economia mista. Logo, sua adoção não pode ficar restrita ao desejo de um funcionário, e a falta de comprovação das vantagens pode ensejar a sua nulidade, bem como a responsabilização do agente que a determinou.

Tal responsabilização, afora administrativa, pode ter consequências também na esfera civil, penal e de improbidade administrativa. Havendo prova da existência de conluio entre a empresa pública ou sociedade de economia mista e a empresa detentora do produto padronizado, poderá esta também sofrer punições. Isto fica explicito nos seguintes artigos:

"Se comprovado, pelo órgão de controle externo, sobrepreço ou superfaturamento, respondem solidariamente pelo dano causado quem houver

---

[75] Processo TCE-RJ nº 304.203-5/02.

decidido pela contratação direta e o fornecedor ou o prestador de serviços." [76]

"O agente público responderá pessoalmente por suas decisões ou opiniões técnicas em caso de dolo ou erro grosseiro." [77]

---

[76] Lei 13.303/16, art. 30, §2º.
[77] Decreto 4.657/42, art. 28.

Consequências da Padronização

Da indicação de marca

Deve-se destacar que padronização não se confunde com escolha de marca. Sob efeito prático, pode ser que os padrões adotados levem à conclusão de que apenas determinadas marcas os atendam ou, até mesmo, apenas determinado fabricante oferece o produto que se coaduna com os padrões pretendidos. Neste sentido, já decidira o TCU:

> "...a indicação de marca na especificação de produtos de informática pode ser aceita frente ao princípio da padronização, desde que a decisão administrativa que venha a identificar o produto pela sua marca seja circunstancialmente motivada e demonstre ser essa a opção, em termos técnicos e econômicos, mais vantajosa para a Administração".[78]

Adriene Andrade[79] entende que a aquisição de produto de marca determinada, com exclusão de similares, é possível em três hipóteses:

---

[78] TCU. Acórdão 1.521/2003 – Plenário.
[79] ANDRADE, Adriene. Caráter excepcional da indicação de marca em edital. Revista TCEMG, Belo Horizonte, Jul/Ago/Set 2013. Disponível em: <http://revista.tce.mg.gov.br/Content/Upload/Materia/2081.pdf>. Acesso em: 22 fev. 2016.

1) para a continuidade de utilização de marca adotada no serviço público;

2) para a adoção de nova marca mais conveniente que as utilizadas;

3) para padronização de marca ou tipo no serviço público.

Nessas três hipóteses, o essencial é que a empresa pública ou sociedade de economia mista demonstre que a adoção da marca busca apenas atender o interesse público, afastando as predileções ou aversões pessoais do funcionário público.

Embora se entenda que a marca não pode ser a causa motivadora da escolha, para Marçal Justen Filho[80], admite-se a identificação da marca como mero elemento acessório, consequência de uma decisão que se fundou em características específicas do objeto escolhido.

Adriene Andrade[81] ainda informa que a jurisprudência do TCU caminha na direção de se admitir a indicação de marca como parâmetro de qualidade do objeto a ser licitado, desde que a empresa pública ou sociedade de economia mista demonstre, de forma efetiva, que pretende dar continuidade à utilização de determinada marca já adotada, ou utilizar marca mais conveniente ou padronizar marca no serviço público, como pode ser visto em algumas decisões a seguir transcritas:

---

[80] JUSTEN FILHO, Marçal. Comentários à lei de licitações e contratos administrativos. 14. ed. São Paulo: Dialética, 2010, p. 157-158.
[81] ANDRADE, Adriene. Caráter excepcional da indicação de marca em edital. Revista TCEMG, Belo Horizonte, Jul/Ago/Set 2013. Disponível em: <http://revista.tce.mg.gov.br/Content/Upload/Materia/2081.pdf>. Acesso em: 22 fev. 2016.

"[...], o princípio da padronização não conflita com a vedação de preferência de marca, que não constitui obstáculo à sua adoção, desde que a decisão administrativa, que identifica o produto pela marca, seja circunstanciadamente motivada e demonstre ser essa a opção, em termos técnicos e econômicos, mais vantajosa para a administração."[82]

"[...] a justificativa para a indicação de marca deve fundamentar-se em razões de ordem técnica. Alegar o princípio da padronização como argumento para limitar a participação dos ofertantes em procedimento licitatório, ou mesmo para declará-lo inexigível, requer justificação objetiva dos motivos que levam o administrado a essa conclusão."[83]

Em última análise, entendemos que ninguém de bom senso defenderia uma especificação de marca que tivesse por objetivo a restrição pura e simples à competição, dirigindo a licitação para um determinado fornecedor. Mas, também, não parece razoável a opinião de que a lei proíbe, em qualquer caso, a especificação de marca. Nem razoável, nem legal e, muito menos, respaldada em princípio constitucional vigente.

Da Padronização pelo uso

---

[82] TCU. Acórdão nº 1.547-22/04. Sessão da Primeira Câmara de 29/06/2004. Relator: min. Walton Alencar Rodrigues.
[83] TCU. TC 009.319/96-4, Acórdão nº 300/1998 - 1ª Câmara - Ata nº 23/1998.

Raphael Lobato Collet Janny Teixeira[84] expõe um tipo especial de padronização, definida como *"padronização pelo uso"*. Ela ocorre nas situações em que o uso massivo, prolongado ou vultosos investimentos feitos em um determinado *software* justifiquem a utilização deste como padrão, levando à inexigibilidade de licitação nas contratações posteriores, sem que tenha sido elaborado um prévio estudo técnico. Assim, o uso em massa de um determinado *software* dentro e fora da Administração pode levar a uma situação de inviabilidade em virtude da necessidade de conhecimento prévio dos usuários no uso do referido *software*, bem como eventuais integrações e interoperabilidades estabelecidas ao longo de sua utilização.

Em outras situações, foram feitos vultosos investimentos em um determinado *software*, que alcançou um desenvolvimento peculiar dentro da própria empresa pública ou sociedade de economia mista, podendo se falar em uma "quase-parceria" com o fornecedor. Assim, a customização interna do *software* levou a uma situação de inviabilidade, tornando-o o único a atender estas determinadas peculiaridades. Nestas situações, a padronização não decorreu de um estudo técnico prévio, mas de uma situação de fato que gerou a inviabilidade de competição num procedimento licitatório.

Em relação ao que aqui foi chamado de "padronização pelo uso", o TCU já decidira pela sua legitimidade em diversas ocasiões:

---

[84] TEIXEIRA, Raphael Lobato Collet Janny. A Contratação de Licenciamento de Software na Administração Pública. Revista Quaestio Iuris, vol.04, nº01, p. 613-622, 2011.

"As razões que conduziram à opção por sistemas operacionais da 'família Windows', o Ministério, em robusto trabalho (cf. volume 1), elenca: a observância do princípio da padronização (tais sistemas foram os adotados nas duas primeiras fases do Proinfo); a predominância marcante dos produtos MS-Windows entre as organizações brasileiras, a familiaridade de diretores, professores e alunos das escolas públicas com o ambiente; a maior facilidade na obtenção de suporte técnico; a existência de grande número de títulos de interesse educacional na plataforma Windows; entre outras... "[85]

"A padronização pode ser considerada quando, existindo plataforma anterior em pleno uso, sua troca possa causar prejuízos que superem os ganhos advindos da nova contratação, ... "[86]

Sem embargo, no momento da contratação de um *software* com fundamento em uma situação de "*padronização pelo uso*", é recomendado que seja elaborado um documento onde conste e esteja devidamente justificada a contratação nesta situação.

---

[85] TCU. Acórdão nº 1.713/2003 - Plenário.
[86] TCU. Acórdão nº 740/2004 - Plenário.

Da solução única

Por definição, solução única é aquela que atende, integralmente, aos requisitos essenciais da demanda, sem que haja alternativas no mercado. Importante ressaltar que a definição de solução única não deve ser contaminada por uma situação de *vendor lock-in*[87], ou seja: a solução deve ser considerada única, independentemente do fato de já ter sido adotada anteriormente.

A Lei 13.303/16 garante o privilégio da indicação de marca ou modelo às soluções únicas nas licitações, conforme art. 47, inciso I, alínea b):

> *"Art. 47. A empresa pública e a sociedade de economia mista, na licitação para aquisição de bens, poderão:*
>
> *I - **indicar marca ou modelo**, nas seguintes hipóteses:*
>
> *a) em decorrência da necessidade de padronização do objeto;*
>
> *b) quando determinada marca ou modelo comercializado por mais de um fornecedor constituir o **único** capaz de atender o objeto do contrato; [...]"*

---

[87] *vendor lock-in*, também conhecido como aprisionamento tecnológico. Decorre de particularidades em produtos ou serviços que tornam seus usuários dependentes dos fornecedores, impedindo-os de trocar de fornecedor sem custos adicionais substanciais. Definição disponível em <https://pt.wikipedia.org/wiki/Aprisionamento_tecnol%C3%B3gico>. Acesso em 10 nov. 2018.

À luz do referido artigo, é essencial esclarecer os seguintes aspectos:

1) Solução única não tem a ver com padronização:

   a) A padronização é sempre uma opção da empresa pública ou sociedade de economia mista, visando determinar se há um *software* que apresenta vantagens econômicas e técnicas num cenário, e se é estrategicamente vantajoso privilegiar o seu uso em detrimento de outros *softwares* pertinentes no mesmo cenário de uso.

   b) A solução única é aquela que atende, integralmente, os requisitos essenciais da demanda, sem que haja alternativas no mercado. Uma solução única pode (por opção, não por obrigação) vir a ser padronizada, se essa for a intenção da empresa pública ou sociedade de economia mista, embasada em prévio estudo técnico e econômico;

2) A caracterização de uma solução como única não é trivial. Para se chegar à esta conclusão, é fundamental respeitar os princípios que regem o processo licitatório, em especial o princípio da impessoalidade. Por exemplo, não são justificativas para dizer que uma solução é única:

   a) Patente de *software*: A Lei 9.279/96, que regula a propriedade industrial (ou seja, marcas, patentes e desenho industrial), deixa claro no art. 10, inciso V[88] que

---

[88] art. 10, Lei 9.279/96. Não se considera invenção nem modelo de utilidade:

softwares em si não são considerados invenções ou modelos de utilidade. Isso funciona como um desincentivo ao registro de patentes de *software*, uma vez que para registro de uma patente é necessário que haja uma invenção ou modelo de utilidade, conforme os arts. 8 e 9 da mesma lei. *Softwares* podem ser registrados no Instituto Nacional da Propriedade Industrial (INPI)[89]. Ainda assim, o registro no INPI não é garantia de que um *software* é único. Este serve para assegurar o direito de propriedade do produto pelo fornecedor;

b) Certidão de exclusividade de fornecimento. No caso do *software*, trata-se da Certidão ABES (Associação Brasileira de Empresas de *Software*)[90]. Esta certidão só serve para assegurar a unicidade da representatividade comercial de um determinado produto, mas não garante que um outro produto possa atender os requisitos essenciais da demanda.

I - descobertas, teorias científicas e métodos matemáticos;
II - concepções puramente abstratas;
III - esquemas, planos, princípios ou métodos comerciais, contábeis, financeiros, educativos, publicitários, de sorteio e de fiscalização;
IV - as obras literárias, arquitetônicas, artísticas e científicas ou qualquer criação estética;
V - programas de computador em si;
VI - apresentação de informações;
VII - regras de jogo;
VIII - técnicas e métodos operatórios ou cirúrgicos, bem como métodos terapêuticos ou de diagnóstico, para aplicação no corpo humano ou animal; e
IX - o todo ou parte de seres vivos naturais e materiais biológicos encontrados na natureza, ou ainda que dela isolados, inclusive o genoma ou germoplasma de qualquer ser vivo natural e os processos biológicos naturais.
[89] Em: < http://www.inpi.gov.br/>. Acesso em: 11 nov. 2018.
[90] Em: <http://www.abessoftware.com.br/servicos/certidoes>. Acesso em: 11 nov. 2018.

Mas, afinal, como caracterizar uma solução como única? Com base no que foi exposto, só deveria ser caracterizada nas seguintes situações:

- Quando um procedimento auxiliar de pré-qualificação objetiva total é concluído com apenas um software pré-qualificado; ou
- Quando existe uma certidão de pessoa jurídica reconhecida que a defina como única, tal como pode ocorrer nas seguintes situações:
  - Fornecedor da plataforma de *software* XXX que certifica que o *software* YYY é o único homologado para o seu ambiente;
  - Entidades ou organizações reconhecidas e sem interesses comerciais atestam que tais *softwares* são os únicos que atendem ao propósito de determinado cenário de uso. Exemplo hipotético: A entidade W3C[91] garante que apenas determinado navegador *web* é o único que atende integralmente aos padrões de codificação *web* HTML5[92].

É fundamental, portanto, tornar claro que mesmo na situação hipotética onde um especialista ou perito, profundo conhecedor de um segmento de mercado, afirma que uma

---

[91] O World Wide Web Consortium (W3C) é a principal organização de padronização da World Wide Web. Consiste em um consórcio internacional com quase 400 membros, agrega empresas, órgãos governamentais e organizações independentes com a finalidade de estabelecer padrões para a criação e a interpretação de conteúdos para a Web.
[92] HTML5 (Hypertext Markup Language, versão 5) é uma linguagem para estruturação e apresentação de conteúdo para a World Wide Web e é uma tecnologia chave da Internet originalmente proposto por Opera Software. É a quinta versão da linguagem HTML.

determinada solução é a única que atende à determinado propósito, ainda assim não haverá qualquer certeza sobre a existência de uma outra solução que poderia atender àquele propósito.

Da contratação direta

Ao contrário do que se poderia pensar, finalizado um procedimento de padronização, não se pode concluir, necessariamente, que esteja a empresa pública ou sociedade de economia mista autorizada a proceder à contratação direta, por dispensa ou inexigibilidade de licitação, muito embora tal fato possa ocorrer, em alguns casos, e por via oblíqua, em decorrência da impossibilidade de competição gerada pela mesma.[93]

Com efeito, o princípio da padronização, visando à adequação de especificações técnicas e de desempenho, considerando as condições de manutenção, assistência técnica e garantia, deve propiciar à empresa pública ou sociedade de economia mista uma consecução mais econômica e vantajosa de seus fins.

Nas hipóteses em que, adotada a padronização, não se imponha a adoção específica de determinada marca, não haverá que se cogitar, no primeiro momento, em circunstância que viabilize a contratação por inexigibilidade de licitação.

Mesmo quando o procedimento de padronização importe na conclusão segundo a qual apenas determinada marca atende aos anseios da empresa pública ou sociedade de economia mista, não há que se inferir, de imediato, tratar-se da hipótese de fornecedor exclusivo, a justificar contratação direta. Neste caso,

[93] RODRIGUES, Eduardo Azeredo. O princípio da padronização. Revista de Direito, nº01. Banco de conhecimento do Tribunal de Justiça do Rio de Janeiro, 2007.

podemos usar com fundamento o art. 25, I da Lei 8.666/93[94]. Vale também lembrar a circunstância essencial para que se dê a contratação por inexigibilidade de licitação, conforme trecho do art. 25 da Lei 8.666/93:

> "[...] (b) a lei descreve hipóteses que, além de ilustrativas, somente caracterizam a inexigibilidade se, no caso concreto, a competição for inviável; sendo viável, a competição é de rigor...
> [...]
> A competitividade é da essência da licitação..., seguindo-se ser esta exigível sempre que presente a possibilidade daquela; licitação inexigível equivale a licitação impossível; é inexigível porque impossível; é impossível porque não há como promover-se a competição."

Em consulta formulada a respeito do procedimento de padronização[95], concluiu-se que uma das consequências que advêm do mesmo é a seguinte:

> "Uma vez institucionalizada a padronização, qualquer aquisição dependerá de prévia licitação se mais de uma pessoa puder fornecer o bem padronizado. Nesses casos, deve constar do edital ou carta-convite a marca e, se for o caso, o modelo do bem desejado, padronizado nos termos do decreto, da portaria ou do

---

[94] PEREIRA JUNIOR, Jessé Torres. Comentários à Lei das Licitações e Contratações da Administração Pública. 5a ed. Rio de Janeiro: Renovar, 2002, p. 295.
[95] Informativo Licitações e Contratos – ILC, Zênite, Doutrina – 768/21/NOV/95.

ato tal ou qual. Esse esclarecimento é necessário para circunscrever o universo de proponentes e indicar que se trata de aquisição de bem padronizado. Certamente, inexigível será a licitação se somente um fornecedor puder atender ao desejado pela Administração Pública interessada no bem padronizado, como se dá se o produtor, a empresa e o representante comercial for exclusivo. No caso, a licitação será inexigível por inviabilidade de competição, consoante a dicção do art. 25, I, do Estatuto Federal das Licitações e Contratos Administrativos."[96]

Ressalta-se que, como bem identificado no texto anterior, a circunstância que enseja a impossibilidade de realização de licitação é a impossibilidade de que o *software*, padronizado ou não, seja fornecido por mais de um fornecedor. Portanto, se a padronização importa na escolha da marca, mas o bem pode ser adquirido no mercado de consumo, de diversos fornecedores, não estará caracterizada a inviabilidade de competição.

Esta foi a mesma conclusão a que chegou a consultoria jurídica Zênite:

"A padronização, seja pela eleição de uma marca, seja pela indicação de um estander próprio, não leva automática e inexoravelmente à dispensa ou à inexigibilidade da licitação. Ela será realizada entre os

---

[96] CARVALHO FILHO, José dos Santos. Manual de direito administrativo. 25. ed., São Paulo: Atlas, p. 268.

que podem e têm interesse em oferecer o material, equipamento ou gênero padronizado, pois, em tese, todos estão em condições de atender ao negócio desejado pela Administração Pública. A licitação, no entanto, só não será promovida se um único fornecedor (produtor, empresa ou representante) puder atender ao desejado pela Administração Pública."[97]

Com base nesse entendimento é que a PGE-RJ, questionada[98] acerca da possibilidade de contratação direta de determinada empresa, fabricante de computadores, haja vista a padronização de equipamentos na referida marca, pronunciou-se no sentido da inaplicabilidade do mencionado inciso I do art. 25 da Lei 8.666/93, por não se tratar de hipótese de fornecedor exclusivo, tampouco haver outra causa que inviabilize a competição.

Em outra situação, entendeu a PGE-RJ[99] haver viabilidade legal para contratação direta de outro fabricante de computadores porque, padronizada a referida marca, ficou constatado que aquela empresa era comercializadora exclusiva de seus equipamentos, não sendo os mesmos encontrados no mercado de consumo, em lojas especializadas no ramo de informática. Nessa perspectiva, a padronização de uma marca específica só implicou na impossibilidade de competição, ensejando a inexigibilidade de licitação, porque não havia diversidade de fornecedores capazes de distribuir tais

---

[97] Informativo Licitações e Contratos – ILC, Zênite, Doutrina – 768/21/NOV/95.
[98] Processo TCE-RJ nº 307.263-6/02.
[99] Processo TCE-RJ nº 302.235-8/04.

equipamentos, o que implicou na incidência do inciso I do art. 25 da Lei 8.666/93, por se tratar o fabricante de fornecedor exclusivo.

IV - ANÁLISE CRÍTICA E PROPOSTAS

O processo de contratação de *software*, em especial na administração pública, é de elevado nível de complexidade. Esta complexidade é consequência da própria natureza do *software*. A lista a seguir, elaborada com base na experiência profissional do autor, visa caracterizar o *software*[100] e trazer as razões que justifiquem esta complexidade:

i. Trata-se de um bem intangível, virtual: não se aplicam aos critérios de avaliação do *software* aspectos como medidas, qualidade das matérias-primas utilizadas no processo de fabricação ou densidade, porosidade, cor etc. O *software* não sofre desgaste físico;

ii. Trata-se de um bem volátil, que sofre atualizações: um *software* adquirido na data X pode não ser da mesma versão que o *software* de mesmo nome adquirido na data Y. Isto por que ele pode ter sofrido atualizações, sejam corretivas, sejam evolutivas. As atualizações evolutivas, inclusive, podem criar, na prática, um outro *software* de escopo de atuação mais abrangente (ou, em outros casos, mais limitantes), que atue em segmentos tecnológicos antes não considerados no processo de contratação;

iii. Pode ser utilizado a partir de diversas localidades: um *software* pode ter sido instalado em um computador pessoal, dispositivo móvel, em um servidor presente na infraestrutura de TIC da administração pública, em um

---

[100] Em: <https://pt.wikipedia.org/wiki/Software>. Acesso em 11 nov. 2018.

servidor presente fora da infraestrutura de TIC da administração pública, em um servidor presente em infraestrutura de TIC fora do país de onde foi adquirido. O local onde o mesmo é instalado pode implicar em restrições legais específicas. Por exemplo, existem instruções normativas do gabinete institucional da presidência da república, com abrangência na administração pública federal direta e indireta, que impõem a necessidade de armazenamento de dados sensíveis apenas em território nacional, devendo se analisar restrições de segurança da informação do ambiente em que tal *software* será executado;

iv. Possui variadas formas de comercialização: um *software* pode ser comercializado através de licenças perpétuas, licenças temporárias, subscrições, "*as a service*", ser gratuito, ser "*open source*", permitido apenas para uso pessoal, etc.;

v. É envolto em questões de segurança da informação: um *software* pode oferecer brechas a invasores, pode servir de instrumento de espionagem, pode ferir patentes ou licenças de bibliotecas de *software* utilizadas indevidamente, etc.;

vi. Pode permitir ou suportar o desenvolvimento de outros *softwares*: os *softwares* podem ser sistemas operacionais, plataformas de *software*, suítes de *software* etc. Podem gerar outros *softwares* ou integrações de *software* a partir deles, gerando uma interdependência desejada ou indesejada. No caso de indesejada, pode criar uma situação de *vendor lock-in*.

De forma análoga, o processo de padronizar uma tecnologia, como é o caso do *software*, envolve a necessidade de se olhar para um extenso conjunto de variáveis. A Lei 13.303/16, assim como a Lei 8.666/93, os acórdãos do TCU, as instruções normativas etc. expõem os fundamentos básicos do que é padronização, mas para se chegar a um processo robusto, antifrágil[101], é necessária uma longa experiência prática, que deve ir se aperfeiçoando ao longo do tempo.

Em linhas gerais, a padronização não deve ser utilizada para definir exceções à regra, de uso particular ou de fornecedor único. Pelo contrário, em função das vantagens econômicas e técnicas, o item padronizado deve ser definido para um cenário de uso o mais abrangente possível na empresa pública ou sociedade de economia mista. Desta forma, os benefícios trazidos pela padronização serão amplificados, tanto na escala dos gastos de sustentação quanto nos decorrentes do uso desta tecnologia, tais como treinamento, aquisição de outros produtos complementares, etc.

A padronização decorre de uma das seguintes razões:

- Econômica: em função de ser mais vantajoso para a empresa pública ou sociedade de economia mista a continuação de uso do produto solicitado;
- Legal: em função de algum dispositivo legal que imponha o uso do produto solicitado na empresa pública ou sociedade de economia mista;

---

[101] O antifrágil, oposto de frágil, é algo que melhora quando está diante de uma situação inesperada. O conceito foi criado pelo autor libanês Nassim Nicholas Taleb no livro Antifrágil: coisas que se beneficiam com o caos, publicado em 2012.

- Técnica: em função de um estudo, justificado por alguma estratégia técnica corporativa, resultando em uma vantagem competitiva;
- Comercial: nas situações nas quais a empresa pública ou sociedade de economia mista precisa padronizar um produto em função de um relacionamento comercial, na qual a contraparte usa o mesmo produto e a empresa pública ou sociedade de economia mista não tem a opção de impor outro diferente para plena integração.

A avaliação das solicitações de padronização deve ser feita, idealmente, por comissão técnica, constituída de, pelo menos, três membros com habilitação profissional compatível[102], visando tornar o processo mais impessoal possível.

---

[102] MEIRELLES, Hely Lopes. Direito Administrativo Brasileiro. 15ª edição, São Paulo: Revista dos Tribunais, 1990, p. 79-80.

Da importância da Arquitetura Corporativa

A administração pública envolta na necessidade frequente de adquirir *software* deve ter uma equipe que trate da arquitetura corporativa[103]. Esta equipe deverá olhar as necessidades de utilização e aquisição de *software*, identificar redundâncias, realizar estudos, prospecções, provas de conceito etc. O objetivo final deve ser estabelecer uma visão holística sobre a utilização de *software* na empresa pública ou sociedade de economia mista, bem como potenciais tipos de *softwares* que poderiam lhe beneficiar no futuro.

Esta equipe deve ser a gestora do procedimento de padronização de tecnologias, e orientar as diversas áreas sobre as questões que envolvem a padronização. Além de entender de tecnologia, esta equipe também deve conhecer os riscos, consequências e aspectos legais que a padronização pode trazer. Uma proposta de fluxo de atividades para a realização de padronização de tecnologias, que foi desenvolvido pelo autor e equipe durante suas atividades profissionais, é apresentada a seguir:

---

[103] Arquitetura Corporativa é uma disciplina sobre a arquitetura de TI, que envolve a estrutura da organização, seus sistemas, os relacionamentos entre subsistemas, seus mecanismos de integração e conexões com mundo externo, a terminologia de TI conhecida na empresa, as tecnologias presentes em seus componentes, os princípios de arquitetura aceitos para o desenho e evolução da TI, as capacidades da plataforma de aplicações atual, assim como os prazos, investimentos e recursos disponíveis para a tomada de decisões envolvendo TIC. Definição disponível em <https://msdn.microsoft.com/pt-br/library/gg490650.aspx>. Acesso em 10 nov, 2018.

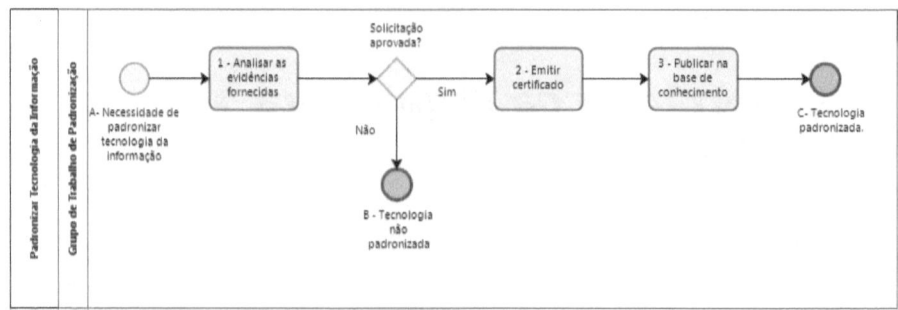

Figura 3 – Proposta de atividades para Padronizar Tecnologia da Informação, dentre elas o software.

Este fluxo deve ser acionado sempre que for percebida uma oportunidade em padronizar uma tecnologia. As evidências fornecidas podem ser: estudos técnicos, análises de economicidade, relatórios de consultorias especializadas, etc. Uma vez a tecnologia padronizada, devem ser mantidos em uma base de conhecimento disponível para acesso os artefatos que subsidiaram esta decisão.

Do parecer técnico de padronização

O parecer técnico de padronização é o documento que deve conter as informações que embasam, explicam a padronização de determinada tecnologia[104]. Uma padronização deve possuir um prazo de validade, e este prazo deve ser compatível com o período em que se acredita que as vantagens técnicas e econômicas irão continuar existindo.

Um parecer técnico de padronização pode vir a ser revogado, se for entendido que as condições ali presentes não sejam mais verdadeiras. Por exemplo, um *software* de determinado fornecedor pode vir a ser descontinuado, afetando o interesse futuro da administração pública em mantê-lo padronizado. Outra possibilidade é que o *software*, mesmo padronizado, passe a perder relevância de uso no dia a dia, em função da reorganização de atividades que ele suporta, ou até mesmo em função do processo de evolução tecnológica que veio a torná-lo desnecessário.

A custódia dos pareceres técnicos deve ser da área de arquitetura corporativa, sendo importante ressaltar que tal área deve ser sempre consultada para verificar se um certificado continua válido.

A Arquitetura Corporativa também deve monitorar o prazo de validade dos pareceres técnicos, sempre procurando alertar

---

[104] Um exemplo de parecer técnico de padronização na área de medicamentos é apresentado em: <http://www.ebserh.gov.br/documents/147715/0/Anexo+III+Roteiro+de+an%C3%A1lise+e+parecer+t%C3%A9cnico+na+padroniza%C3%A7%C3%A3o+medicamentos/b5eb328e-7e2d-4122-a4f2-892b46a88469>. Acesso em 11 nov. 2018.

com antecedência sobre o fim da validade dos mesmos, para que seja possível aos interessados verificar se as condições originais que concluíram pela padronização continuam ou sofreram alteração. Para revalidação, é fundamental a realização de novos estudos técnicos e análises de economicidade. A título ilustrativo, é apresentado em anexo ao final do presente trabalho monográfico um modelo de parecer técnico de padronização, que foi desenvolvido pelo autor e equipe durante suas atividades profissionais.

Da análise de economicidade

Quando falamos sobre a padronização pelo uso, Raphael Lobato Collet Janny Teixeira[105] informou que *"ela ocorre nas situações em que o uso massivo, prolongado ou vultosos investimentos feitos em um determinado software justifiquem a utilização deste como padrão, levando à inexigibilidade de licitação nas contratações posteriores, sem que tenha sido elaborado um prévio estudo técnico."* A padronização pelo uso, portanto, pode ser aplicada quando temos um *software* em uso, que até então não era padronizado, mas que em função do seu uso massivo, o mesmo tornou-se tão necessário para a empresa pública ou sociedade de economia mista que a sua não utilização ou substituição por um outro levaria a uma situação de custos com saída deste por outro significativamente maiores que a própria renovação da manutenção das licenças do mesmo. É como se fosse muito mais caro trocar o *software* por outro do que simplesmente continuar utilizando-o.

Com base na experiência do autor em suas atividades profissionais, entendemos que, para este caso, é recomendável realizar uma análise de economicidade quantitativa. Esta análise deve ser feita comparando os custos de se manter este *software* com um outro fictício, gratuito, com as mesmas funcionalidades, considerando na comparação apenas os custos de migração, de sustentação, de integração, de infraestrutura e do volume de

---

[105] TEIXEIRA, Raphael Lobato Collet Janny. A Contratação de Licenciamento de Software na Administração Pública. Revista Quaestio Iuris, vol.04, nº01, p. 613-622, 2011.

treinamento equivalentes aos que foram necessários para o *software*.

O propósito de se fazer a análise com um *software* fictício é o de acelerar a obtenção dos resultados para os casos mais evidentes, oferecendo um método expedito de avaliação. Caso a análise seja desfavorável, qualquer outra análise com um *software* real, com custos de aquisição superiores a zero, será ainda mais desfavorável.

A comparação entre *softwares* com formas distintas de licenciamento[106] (*on premises* X *on cloud*, *licença temporária* X *licença permanente*) deve ser feita da mesma maneira.

A análise de economicidade deve ser capaz de concluir se vale a pena trocar ou manter o *software*. Caso se conclua que seja melhor manter o *software*, esta análise pode servir como evidência para ensejar uma padronização do referido *software*, motivada por questões econômicas. A padronização, por fim, dá base argumentativa para a citação de marca no processo de contratação.

Uma proposta de fluxo de atividades para a realização de análise de economicidade, que foi desenvolvido pelo autor e equipe durante suas atividades profissionais, é apresentada a seguir:

---

[106] Em: < https://blog-br.softwareone.com/licenca-de-software-entenda-como-funciona>. Acesso em 11 nov. 2018.

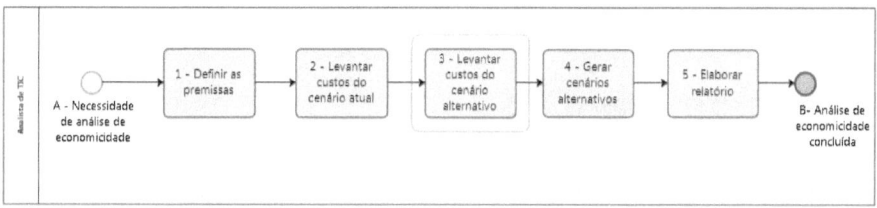

Figura 4 – Proposta de atividades para a elaboração de uma análise de economicidade.

Pontos de atenção

A Lei 13.303/16 é flexível em diversos pontos, mas cabe à administração pública tomar alguns cuidados para não incorrer em situações onde a contratação acabe por burlar a necessidade de licitação. A lista a seguir contém alguns exemplos:

i.   É permitida a dispensa de licitação na contratação de bens em até R$50.000,00[107]. Com base nisso, a administração pública adquire licenças de um *software* que lhe agrada até este valor, sem licitação, mas com uma intenção futura de adquirir mais licenças que o limite da dispensa de licitação. Passado um certo período, alega-se, com base na padronização pelo uso, que tal *software* deveria ser padronizado, de modo a subsidiar a aquisição de uma quantidade significativamente maior de licenças deste *software*. Para isto, é fundamental que a área de arquitetura corporativa tenha visibilidade sobre a referida demanda, para, primeiramente, identificar se naquele cenário de uso já existe uma solução padronizada que possa atender; segundo, identificar se não seria mais

---

[107] art. 29, Lei 13.303/16. É dispensável a realização de licitação por empresas públicas e sociedades de economia mista:
I - para obras e serviços de engenharia de valor até R$ 100.000,00 (cem mil reais), desde que não se refiram a parcelas de uma mesma obra ou serviço ou ainda a obras e serviços de mesma natureza e no mesmo local que possam ser realizadas conjunta e concomitantemente;
II - para outros serviços e compras de valor até R$ 50.000,00 (cinquenta mil reais) e para alienações, nos casos previstos nesta Lei, desde que não se refiram a parcelas de um mesmo serviço, compra ou alienação de maior vulto que possa ser realizado de uma só vez;

vantajoso, tecnicamente e economicamente, licitar a totalidade das licenças, tendo em vista que possam existir outros produtos aptos a lhe atender com um custo global menor;

ii. O custo com as licenças de um determinado *software* é significativamente pequeno se comparado com os custos de consultoria e serviços correlatos pelo fornecedor deste. Eventualmente, o custo das licenças fica abaixo do valor para dispensa de licitação. Muitas vezes, as áreas demandantes buscam a padronização de referido *software* para que possa haver justificativa para se contratar diretamente consultorias e serviços correlatos, com valores de contratação muito mais vultosos. Para estes casos, podem haver *softwares* similares cuja licença seja mais cara, mas que os contratos de consultoria sejam mais baratos, perfazendo um valor total menor. Para estes casos, é fundamental o real mapeamento da demanda e realizar a licitação listando todas as necessidades previstas;

iii. Uma determinada área demandante adquire licenças de um *software*, e através de estudos técnicos e econômicos, chega-se à conclusão de que vale à pena torná-lo padrão. Tempos depois, ao final da vigência do contrato de licenciamento, observa-se que o mesmo não chegou a ser utilizado. Alega-se então que, pelo fato dele ter sido padronizado no passado, uma nova contratação não deveria ser um problema. Acontece que, para estas situações, abre-se um precedente de questionamento que pode derivar em um processo administrativo, pois a não utilização de algo contratado leva a uma situação de onerosidade financeira da administração pública. Como recomendação, tal padronização deveria ser revogada.

iv. Uma *suíte* de *software*[108] vem com diversas soluções incluídas, sendo que apenas uma destas soluções é de interesse da administração pública, e as outras soluções que compõe a *suite* são disponibilizadas sem custo adicional. Uma vez instalada a *suite*, a utilização de todas as soluções torna-se automaticamente liberada. Acontece que, como tais funcionalidades são relacionadas, cria-se uma situação de *lock-in* entre as soluções, sendo que para estas outras, haveriam alternativas no mercado capazes de atender ao mesmo propósito. Posteriormente, o fornecedor passa a cobrar custos de licença das outras soluções da suíte. Tal situação já foi alvo de ações judiciais na Europa contra fornecedores de *software*, motivada pela alegação de uso de práticas ilegais de competição[109]. Por causa da dependência criada, o custo de migração torna-se proibitivo, levando à administração a tomar a decisão padronizar toda a suíte baseando-se na padronização pelo uso. Deve-se analisar caso a caso e sempre que possível, mitigar os riscos de utilização das demais soluções da *suite*, fazendo o máximo para permitir a utilização de apenas daquilo que foi contratado.

---

[108] Uma *suite* de *software* é uma coleção de *software*, de funcionalidade relacionada, geralmente compartilhando uma interface de usuário semelhante e a capacidade de trocar facilmente dados entre si. Exemplos: suite MS Office, suite Adobe Creative Suite. Definição disponível em <https://en.wikipedia.org/wiki/Software_suite>. Acesso em 10 nov, 2018.
[109] Em: <https://en.wikipedia.org/wiki/Microsoft_Corp._v._Commission>. Acesso em 11 nov. 2018.

A lista apresentada não é extensiva, mas serve de alerta para que todos os entes sujeitos à lei das estatais ou à lei de licitações fiquem atentos sobre a importância de se criar uma área de arquitetura corporativa, que, além de ter a incumbência de olhar tais questões, tenha contato frequente com as áreas jurídicas e também de contratações.

V - CONCLUSÃO

O objetivo maior do presente livro foi apresentar propostas de atuação sobre as situações em que há o interesse da administração pública na utilização do princípio da padronização no contexto da Lei 13.303/16, bem como os cuidados que devem ser tomados ao se utilizar deste instrumento.

Pode-se concluir que a administração pública, desde que respeitando os princípios que regem as licitações e contratos, está autorizada a indicar ou pré-qualificar marcas de *software* para fins de aquisição futura sempre que a marca for padronizada ou também a única que puder atender ao fim da administração.

Para não ferir o princípio da isonomia entre os licitantes, a indicação de marca na identificação do objeto da licitação deverá amparar-se em motivos de ordem técnica, sem influências pessoais, e que tenham um fundamento científico. A justificativa deve ser documentada por meio de pareceres técnicos de padronização, que deverão fazer parte do processo. O que não se admite é a restrição injustificada, porque afeta o princípio basilar da licitação, qual seja, a isonomia entre os interessados.

Não há, portanto, reprovação legal à utilização de marca como meio de identificação do objeto, desde que tal opção tenha sido baseada em prévio procedimento administrativo de padronização.

É importante dizer que a mera indicação de marca pode, ou não, levar à inexigibilidade de licitação. Haverá inexigibilidade se na localidade houver um único fornecedor daquele produto; do contrário, a licitação será obrigatória.

Por fim, o princípio da padronização na contratação de *software* deve ser adotado quando for real interesse para a administração pública. Logo, sua adoção não deve ficar sob o desejo do funcionário, e a falta de comprovação das vantagens pode ensejar a sua nulidade, bem com a responsabilização do agente que a determinou. Tal responsabilização, além de administrativa, pode ter consequências também na esfera civil, penal e de improbidade administrativa. Havendo prova da existência de conluio entre a administração pública e o fornecedor do *software* padronizado, poderá esta também sofrer punições.

VI - BIBLIOGRAFIA

ANTUNES, Gustavo Amorim; SANTOS, José Anacleto Abduch. Estatuto Jurídico das Empresas Estatais: Lei 13.303/16 Comentada. 1 ed. Belo Horizonte: Editora Fórum, 2017.

BARBOSA, Denis Borges. Uma Introdução à Propriedade Intelectual. Rio de Janeiro: Editora Lumen Júris, 2003.

BRASIL. Departamento de Segurança da Informação e Comunicações da Presidência da República. Princípios, Diretrizes e Responsabilidades relacionados à Segurança da Informação para o tratamento da informação em ambiente de Computação em Nuvem. Disponível em <http://dsic.planalto.gov.br/arquivos/documentos-pdf/NC_14_R01.pdf>. Acesso em: 29 out. 2018.

CANAL Fornecedor. Apresenta um ambiente completo de instruções sobre os processos de contratação na PETROBRAS, sob o regime da Lei 13.303/16. Disponível em <https://canalfornecedor.petrobras.com.br/pt/>. Acesso em: 22 out. 2018.

CARVALHO FILHO, José dos Santos. Manual de direito administrativo. 25. ed. São Paulo: Atlas, 2012.

DI PIETRO, Maria Sylvia Zanella. Direito Administrativo. 30 ª Edição. Rio de Janeiro: Editora Forense, 2017.

DOUG, Rep. Collins. CLOUD Act, H.R. 4943. U.S. Congress. 2018. Disponível em <https://www.congress.gov/bill/115th-congress/house-bill/4943>. Acesso em: 10 nov. 2018.

FERNANDES, Jorge Ulisses Jacoby. Contratação Direta sem Licitação. 10ª ed. Belo Horizonte: Editora Fórum, 2016.

FURTADO, Lucas Rocha. Curso de direito administrativo. 3. ed. Belo Horizonte: Fórum, 2012.

GONÇALVES, Tarcísio Vieira. Da indicação de marca em edital de licitação. Portal Conteúdo Jurídico, 2017.

GUIMARÃES, Edgar. Lei das Estatais. Comentários ao regime jurídico licitatório e contratual da Lei Nº 13.303/2016. 1 ed. Belo Horizonte: Editora Fórum, 2017.

JUSTEN FILHO, Marçal. Comentários à lei de licitações e contratos administrativos. 15. ed., São Paulo: Dialética, 2012.

MAZZA, Alexandre. Manual de direito administrativo. 4. ed. São Paulo: Saraiva, 2014.

MEIRELLES, Hely Lopes. Direito Administrativo Brasileiro. 15ª edição, São Paulo: Revista dos Tribunais, 1990.

MELLO, Celso Antônio Bandeira de. Curso de Direito Administrativo. 27. ed. São Paulo: Malheiros Editores. 2010.

MOREIRA NETO, Diogo de Figueiredo. Curso de Direito Administrativo. 10ª ed., rev., refund. e atual. Pela Constituição de 1988, Rio de Janeiro: Forense, 1994. Legitimidade e Discricionariedade – Novas reflexões sobre os limites e controle da discricionariedade. 2ª ed., Rio de Janeiro: Forense, 1991.

MOTTA, Carlos Pinto Coelho [coord.]. Curso prático de direito administrativo. 3. ed. Belo Horizonte: Del Rey. 2011.

NESTER, Alexandre Wagner. Os critérios de julgamento previstos no regime diferenciado de contratações públicas. Informativo Justen, Pereira, Oliveira e Talamini, Curitiba, nº 58, dezembro de 2011.

PEREIRA JUNIOR, Jessé Torres. Comentários à Lei das Licitações e Contratações da Administração Pública. 5ª ed. Rio de Janeiro: Renovar, 2002.

RODRIGUES, Eduardo Azeredo. O princípio da padronização. Revista de Direito, nº01. Banco de conhecimento do Tribunal de Justiça do Rio de Janeiro, 2007.

SANDEL, Michael. Justiça – O que é fazer a coisa certa. Trad. Heloísa Matias e Maria Alice Máximo. 19 ed. Rio de Janeiro: Civilização Brasileira, 2015.

TALEB, Nassim Nicholas. Antifrágil – Coisas que se beneficiam com o Caos. 8ª ed. Rio de Janeiro: Best Business, 2017.

TEIXEIRA, Raphael Lobato Collet Janny. A Contratação de Licenciamento de Software na Administração Pública. Revista Quaestio Iuris, vol.04, nº01, p. 613-622, 2011.

VII - ANEXO

Para verificar se esta é a versão mais recente deste parecer técnico, consultar o gestor do processo.

Parecer técnico de padronização

<Nome do Produto ou Tecnologia>

Tecnologias cobertas por este parecer:

- Software XXX.	- Bundle XXX.
- Plug-in XXX.	- Suíte XXX.

Número/Versão: 0000.00 (o número é relacionado com a tecnologia, a versão é a versão do parecer. Só deve existir um único parecer vigente, que deverá ser o que possui a última versão)

Início da vigência: xx/xx/xxxx
Fim da vigência: xx/xx/xxxx

(Sugestão: um dos autores ser da arquitetura corporativa, outro ser o demandante principal, e um terceiro ser de área de TIC que atue em conjunto com o demandante principal)

Autores: 1. Nome – Lotação – Cargo – Função (se houver).
2. Nome – Lotação – Cargo – Função (se houver).
3. Nome – Lotação – Cargo – Função (se houver).

Cenário de Uso:

Constitui o cenário de uso de uma tecnologia a delimitação geopolítica, organizacional, temporal e processual de seu uso.

Motivação para a padronização:
☐ Econômica   ☐ Técnica
☐ Comercial   ☐ Legal

Evidências:

Econômica: De acordo com análise de economicidade XXXX.
Legal: a legislação pertinente que sustente a padronização do software solicitado
Técnica: o estudo aprofundado do produto/tecnologia
Comercial: as evidências de que não há outra hipótese de se usar outro produto, que não o imposto pela relação comercial.

Referências:

[1]   Documento A
[2]   Documento B

Gestor: área da empresa pública ou sociedade de economia mista
ACESSO RESTRITO

VIII - Sobre o autor

Rafael Lima Joia é formado em Ciência da Computação pela Universidade Federal do Rio de Janeiro (UFRJ) e Bacharel em Direito pela Universidade Federal do Estado do Rio de Janeiro (UNIRIO).

Com mais de 15 anos de experiência profissional, desde 2010 atua na área de Arquitetura Corporativa de TIC da PETROBRAS, em atividades que envolvem diretamente os temas "Direito Digital", "Contratação" e "Padronização de Software".

O presente livro reflete a sua experiência de trabalho, e visa colaborar no entendimento de toda a administração pública direta e indireta sobre o tema de Contratação de Software na Lei 13.303/2016.